ATELIÊ DO PENSAMENTO SOCIAL

ATELIÊ DO PENSAMENTO SOCIAL
IDEIAS EM PERSPECTIVA GLOBAL

JOÃO MARCELO EHLERT MAIA
CLAUDIO COSTA PINHEIRO
BERNARDO BUARQUE DE HOLLANDA
HELENA BOMENY
(ORG.)

Copyright © João Marcelo Ehlert Maia, Claudio Costa Pinheiro, Bernardo Buarque de Hollanda e Helena Bomeny.

Direitos desta edição reservados à
Editora FGV
Rua Jornalista Orlando Dantas, 37
22231-010 | Rio de Janeiro, RJ | Brasil
Tels.: 0800-021-7777 | 21-3799-4427
Fax: 21-3799-4430
editora@fgv.br | pedidoseditora@fgv.br
www.fgv.br/editora

Impresso no Brasil | Printed in Brazil

Todos os direitos reservados. A reprodução não autorizada desta publicação, no todo ou em parte, constitui violação do copyright (Lei nº 9.610/98).

Os conceitos emitidos neste livro são de inteira responsabilidade do(s) autor(es).

Coordenação editorial e copidesque: Ronald Polito
Revisão: Marco Antonio Corrêa e Sandro Gomes dos Santos
Capa e diagramação: Ilustrarte Design e Produção Editorial
Imagem da capa: the palms / Shutterstock

Ficha catalográfica elaborada pela
Biblioteca Mario Henrique Simonsen/FGV

Ateliê do pensamento social : ideias em perspectiva global / João Marcelo Ehlert Maia (Org.). [et al.]. - Rio de Janeiro : Editora FGV, 2014.
152 p.

Trabalhos apresentados na segunda edição do Ateliê do Pensamento Social, realizada nos dias 30 e 31 de outubro de 2012, na Fundação Getulio Vargas.
Inclui bibliografia.
ISBN: 978-85-225-1523-3

1. Sociologia. 2. Cientistas sociais. 3. Intelectuais. I. Maia, João Marcelo Ehlert. II. Fundação Getulio Vargas.

CDD – 301

Sumário

PREFÁCIO 7
Luciana Heymann

APRESENTAÇÃO 9
João Marcelo Ehlert Maia

CAPÍTULO 1: Rumo ao internacionalismo: para além das sociologias colonial e nacional 13
Sujata Patel

CAPÍTULO 2: Como escrever hoje a história das ideias e dos intelectuais de uma perspectiva comparativa, transnacional? 29
Maurício Tenorio

CAPÍTULO 3: O problema de "As ideias fora do lugar" revisitado: para além da "história das ideias na América Latina" 57
Elías J. Palti

CAPÍTULO 4: Nicolas-Antoine Taunay e suas ideias em trânsito: a arcádia como trópico 85
Lilia Schwarcz

CAPÍTULO 5: Desenvolvendo pesquisa sobre intercâmbios transatlânticos: o exemplo da New School for Social Research 119
Cherry Schrecker

Prefácio

AO TRAZER a público os trabalhos apresentados na segunda edição do Ateliê do Pensamento Social, dedicado ao tema "Abordagens transnacionais — as ideias em perspectiva global", o presente volume oferece um painel atualizado do que se tem produzido na área, em termos de temas, questões e métodos, e amplia o alcance dos debates que têm animado o Laboratório de Pensamento Social do Cpdoc (Lapes), espaço de discussão teórica e de troca de experiências de pesquisa, responsável pela organização dos Ateliês.

Integrado ao Programa de Pós-Graduação em História, Política e Bens Culturais (PPHPBC), o Lapes congrega professores e alunos filiados à linha de pesquisa em Pensamento Social, mas também estabelece uma ponte para o diálogo com outros pesquisadores e instituições, nacionais e estrangeiros, que se dedicam ao estudo dos intelectuais e das ideias.

Ao mesmo tempo que dão continuidade a um campo de pesquisa tradicional do Cpdoc, os integrantes do Lapes o têm renovado ao investir em distintas perspectivas de análise e enfatizar a reflexão metodológica. Mais do que isso. Ao incorporar alunos de pós-graduação e de graduação em suas atividades, o Lapes enriquece o trabalho nessa área e se afirma como um importante espaço de formação.

Luciana Heymann
Coordenadora do PPHPBC e professora do
Cpdoc/Escola de Ciências Sociais

Apresentação

ATELIÊ, COMO se sabe, não é nome comum para as atividades típicas dos cientistas sociais. Mais usuais são: seminário, workshop, congresso, colóquio, oficina. Ao criarmos um evento intitulado "Ateliê do Pensamento Social", sabíamos da possível estranheza causada por essa escolha vocabular, e exatamente por isso nos apegamos à denominação, pois nos parecia que ela traduzia de forma precisa o que queríamos, mas não encontrávamos: um evento que fosse um lugar para o debate horizontal e criativo sobre o *fazer* das pesquisas, e não simples veículo para apresentações individuais que pouco dialogassem entre si.

O Ateliê se inscreve numa história de longa duração no Cpdoc, instituição pioneira no estudo sistemático do pensamento social brasileiro e que abrigou alguns dos mais notáveis intelectuais desse campo, como Ricardo Benzaquen, Lucia Lippi, Helena Bomeny e Mônica Veloso. Sua história mais recente, porém, pode ser contada a partir de 2008, quando se criou, no âmbito de um Cpdoc já com cursos de graduação e de pós-graduação, o Laboratório de Estudos Brasileiros, com o objetivo de agregar estudantes e professores interessados no estudo do chamado pensamento social. Na ocasião, já se tinha a preocupação de abrir não apenas um espaço para comunicação de pesquisas e palestras ocasionais, mas também um canal para a discussão sobre as formas de se fazer pesquisa sobre ideias, intelectuais e textos. No ano de 2010, com a entrada de novos profissionais no Cpdoc, a perspectiva sobre essa área se alterou. De "estudos brasileiros" passamos ao "pensamento social" de maneira geral, pois entendíamos que a investigação sobre linhagens e estilos de pensamento não deveria se circunscrever ao caso nacional, pois isso implicaria reforçar a dimensão paroquial que por vezes assola os estudos nesse campo. Além disso, estávamos convencidos de que era necessário olhar a nossa própria tradição a partir de uma perspectiva descentrada, que buscasse comparações e inscrevesse nossos *modos de dizer o mundo* em histórias que não encontrassem seu fim na história do Estado-nação. Afinal, o Brasil compartilha com outras sociedades e demais povos uma posição singular no mundo, marcada pelo colonialismo e pela posição periférica na divisão internacional do trabalho material e intelectual.

Foi assim que, em 2011, o Lapes tomou forma, reunindo Bernardo Buarque de Hollanda, Claudio Pinheiro, Helena Bomeny, João Maia e Lucia Lippi. Nosso primeiro grande evento foi, justamente, o referido "Ateliê do Pensamento Social", cuja primeira edição é do ano de 2011. Nosso interesse então era debater estratégias de pesquisa, escolhas metodológicas e demais práticas que, ao nosso ver, configuravam a "cozinha" da pesquisa. Essa opção não era gratuita, pois nos parecia que essa área específica carecia de discussões mais sistemáticas sobre metodologia. Cientes dessa carência, abrimos espaço para mestrandos e doutorandos inscreverem seus projetos de pesquisa, e não comunicações fechadas sobre resultados. Assim, no segundo dia do evento, organizamos debates coletivos orientados em torno justamente dos aspectos metodológicos desses projetos.

A resposta foi excelente. Os convidados se sentiram altamente estimulados a refletir sobre o tema, e os estudantes nos relatavam que nunca encontravam um espaço onde pudessem debater suas inquietações relativas à construção do objeto, à escolha das fontes, aos nexos entre teoria e empiria e demais questões afins.

Neste livro, o leitor encontra os *papers* apresentados pelos convidados da segunda edição do Ateliê do Pensamento Social, realizada nos dias 30 e 31 de outubro de 2012 na Fundação Getulio Vargas. O evento contou com financiamento da Presidência da FGV e da Faperj, a quem os organizadores aproveitam para agradecer. Para essa edição, escolhemos o tema "Abordagens transnacionais — ideias em perspectiva global". Nosso projeto era justamente realçar a necessidade de abordagens que evitassem o "nacionalismo metodológico" e estimulassem os participantes a pensarem os seus objetos com recursos a outros ângulos de análise. Graças ao financiamento concedido pela Presidência da FGV e pela Faperj, conseguimos atrair estudantes de fora do Rio de Janeiro e palestrantes de fora do Brasil também. Os recursos da Presidência também nos permitiram editar esta obra com os textos apresentados.

Sujata Patel (University of Hyderabad) foi *key-note speaker*, e apresentou uma palestra de abertura sobre o colonialismo e seus efeitos na organização do conhecimento nas ciências sociais. No texto, Patel analisa o caso indiano, no qual a divisão entre sociologia e antropologia no período pós-Independência contribuiu para a reafirmação dos binarismos tipicamente eurocêntricos. Após essa palestra, uma mesa-redonda reuniu Lilia Schwarcz (Universidade de São Paulo) e Cherry Schrecker (Université de Lorraine) em torno do tema "Diálogos transatlânticos". Schrecker apresentou sua recente pesquisa sobre a história da New School for Social Research, enfatizando os conflitos e os diálogos entre intelectuais europeus e norte-americanos. Schwarcz, por sua vez, apresentou sua investigação sobre o pintor francês Nicolas-Antoine Taunay, que veio ao Brasil na primeira década do século XIX. Em seguida, Elías J. Palti (Universidad Nacional de Quilmes) e Maurício Tenorio (University of Chicago) compuseram a sessão "Estudando ideias no contexto americano". Palti partiu de uma crítica da famosa tese do crítico literário Roberto Schwarz sobre as "ideias fora do lugar" para propor uma nova abordagem para a história intelectual que se valesse do pragmatismo e do contextualismo linguístico. Maurício Tenorio criticou concepções ingênuas de *transnationality* para afirmar a importância da narrativa na pesquisa sobre intelectuais na América Latina. Ambos enfatizaram a necessidade de se levar a sério o estatuto da linguagem na pesquisa em pensamento social.

No segundo dia, os 17 estudantes inscritos tiveram seus projetos de pesquisa debatidos por professores do Lapes e alguns colegas convidados, entre os quais Bernardo Ricupero (USP) e Antônio Brasil (atualmente na UFF). Nosso propósito foi estimular o debate coletivo sobre metodologias, estratégias de pesquisa e relações entre fontes, objetos e teorias.

Em 2013 e 2014, o Ateliê continua, com outros temas, mas sempre procurando reforçar o debate sobre metodologia. Acreditamos que esse caminho se mostra imprescindível, e a maior evidência disso é a própria abertura de outros espaços institucionais e acadêmicos no campo do pensamento social para esse tipo de discussão que o Lapes vem incentivando de forma sistemática. Este livro, portanto, deve ser visto também como um livro-referência, espécie de guia aos interessados no estudo das ideias e dos intelectuais. Graduandos, mestrandos, doutorandos e professores muito poderão aprender com as diversas perspectivas analíticas aqui apresentadas, bem como com as histórias das pesquisas aqui contadas. Esperamos que os leitores desta obra se tornem, nos próximos anos, participantes do Ateliê. Boa leitura.

João Maia
Professor do Cpdoc/Escola de Ciências Sociais

CAPÍTULO 1

Rumo ao internacionalismo: para além das sociologias colonial e nacional*

Sujata Patel
Universidade de Hyderabad

NESTE TEXTO, apresento dois conjuntos de questões. Em primeiro lugar, dados os vínculos orgânicos entre poder e conhecimento, que enquadramentos das ciências sociais hegemônicas organizam o conhecimento global/internacional? Em segundo lugar, que procedimentos devem ser mobilizados para deslocar essas tendências hegemônicas nas ciências sociais globais/internacionais?

Antes de responder a essas questões, é importante recordar um princípio que governou a história do crescimento das ciências sociais no mundo. Desde a sua emergência na Europa do século XIX, as teorias e perspectivas das ciências sociais têm sido constantemente confrontadas e desafiadas por aqueles que questionam sua orientação hegemônica e, desse modo, sua abordagem conservadora e favorável ao *establishment*. Tais desafios têm apresentado não apenas um novo enfoque no estudo da mudança e transição para a modernidade, mas também buscado mapear as teorias que tratam do vínculo íntimo e orgânico entre conhecimento e poder.

O marxismo inaugurou esse projeto ao apresentar, por um lado, uma análise do capitalismo como modo de exploração e colocar em questão a natureza da modernidade capitalista, e, por outro, ao elaborar uma teoria que explora os vínculos entre conhecimento de classe e poder burguês. Em meados do século XX, papéis semelhantes foram desempenhados pelo feminismo e pelo movimento negro, na medida em que reestruturaram perspectivas marxistas e não marxistas para avaliar e examinar de que forma gênero e raça organizam desigualdades. Essas perspectivas

---
* Tradução de Chantal Castelli.

desconstruíram, no âmbito das ciências sociais, as representações de poder do "macho" e do "branco", de modo a tornar visível a presença dos muitos "outro(s)" como grupos oprimidos. Nesse esforço, as perspectivas estruturalista e pós-estruturalista exerceram papel seminal.

Uma nova tendência nesse legado articulou-se à medida que as ciências sociais se fizeram presentes em diferentes partes do mundo. Suas formulações incipientes foram incentivadas por ideias nacionalistas anticoloniais. Estas plantaram a semente de uma nova análise ao argumentarem que o colonialismo e, agora, a geopolítica global contemporânea estruturaram o *corpus* do conhecimento das ciências sociais. Essa ideia em desenvolvimento encontrou sua expressão e linguagem profissionais por meio dos vínculos que estabeleceu entre as perspectivas de poder marxista e estruturalista. Esses vínculos deram origem a duas teorias, o eurocentrismo e o orientalismo, como parâmetros definitivos de organização dos moldes das ciências sociais hegemônicas.

A primeira parte deste texto examina de que modo eurocentrismo e orientalismo estruturaram a linguagem das ciências sociais em nível global. Na discussão dessas teorias, sublinha-se como o binômio particular-universal foi organizado no contexto de uma geopolítica do nacional-global/internacional.

A segunda parte do texto muda o foco para o nacionalismo metodológico, identificando seus dois avatares — o primeiro no Norte e o segundo em Estados-nação pós-coloniais. Nessa seção, procuro mostrar como a orientação positiva do nacionalismo enquanto articulação do projeto de novos Estados-nação ajudou a desestabilizar (até certo ponto) a orientação hegemônica das ciências sociais do Norte/globais. Em ambas as seções, eu uso o caso da Índia para ilustrar essas questões. Procuro, ainda, elaborar alguns dos problemas implicados nessa estratégia.

A última parte do texto desenvolve as ideias elaboradas na segunda seção, mostrando como as estratégias desenvolvidas pelo nacionalismo metodológico em países pós-coloniais (como a Índia) podem ser usadas como um guia para o desenvolvimento de procedimentos necessários ao deslocamento das ciências sociais globais e hegemônicas. Ao longo dessa discussão, eu indico as razões para usar "diverso" em vez de "universal" e "internacional" ao invés de "global" como conceitos-chave deste projeto.

O colonialismo e a episteme do particular-universal

Eurocentrismo e orientalismo são lógicas culturais e epistêmicas interligadas do imperialismo capitalista. Ambos foram incorporados às disciplinas da história e da sociologia para fazer da Europa o elemento narrativo central na análise do desenvolvimento da modernidade. Essas correntes não apenas sustentam que o controle do mundo e a superioridade da Europa forneceram as condições para sua ascendência, como também criaram uma linguagem científica para justificar e legitimar essa perspectiva, fazendo dela uma verdade universal (Amin, 1989).

A modernidade europeia analisou seu próprio nascimento (dentro de uma concepção linear do tempo) e deu a entender que foi produzida por meio de um sistema institucional e de valores universalizados na Europa nos últimos 500 anos, em seu próprio quintal. Assim, ela incorporou duas narrativas mestras: a superioridade da civilização ocidental (por meio do progresso e da razão) e a crença no crescimento contínuo do capitalismo (por meio da modernização, desenvolvimento e criação de novos mercados). Essas narrativas mestras, que Charles Taylor (1995) chama de "abordagem culturalista", são hoje reconhecidas em seu caráter etnocêntrico. Esse etnocentrismo avaliou seu próprio crescimento mais em termos de si mesmo (Europa) do que em termos do outro (o resto do mundo colonizado), que era seu objeto de controle e por meio do qual se tornou moderno. Tratava-se de uma teoria da "interioridade" — ou seja, uma perspectiva que percebia a si mesma a partir de dentro e não de fora (Dussel, 1993).

Dussel (1993:65) afirmou:

A modernidade surge quando a Europa se autoproclama o "centro" de uma História Mundial que ela inaugura; a "periferia" que cerca esse centro é, consequentemente, parte de sua autodefinição. A oclusão dessa periferia (...) leva os principais pensadores do "centro" a uma falácia eurocêntrica no seu entendimento da modernidade. Se o seu entendimento da genealogia da modernidade é, assim, parcial e provinciano, suas tentativas de fazer uma crítica ou defesa dessa genealogia são igualmente unilaterais e, em parte, falsas.

Uma noção de tempo linear afirmou a crença de que a vida social e suas instituições, emergindo na Europa em torno do século XIV em diante, iria agora influenciar a construção do novo mundo. Ao fazê-lo, a Europa "silenciou" sua própria experiência imperial e a violência sem a qual não poderia ter se tornado moderna. Esses pressupostos delimitaram as ideias elaboradas por Hegel, Kant e os enciclopedistas, e foram incorporados nas sociologias de Durkheim, Weber e Marx. Não admira que essas teorias tenham legitimado o controle e a dominação do resto do mundo por meio da episteme da "colonialidade" (Quijano, 2000).

Esse discurso da modernidade apresentou um conjunto universal de axiomas para o qual o tempo como historicidade definia sua relação com o espaço. Colocando de outra forma, precisamente porque esse discurso viu seu crescimento em seus próprios termos e o definiu por meio de sua própria história, aquilo que se encontrava fora de si mesmo (o lugar) era percebido em termos do seu oposto: desprovido de história, particular e, logo, inferior. A partir daí, todo o conhecimento foi estruturado em termos do binômio dominante Ocidente (que tinha história, cultura, razão e ciência, todos universais) e Oriente (confinado a espaço, natureza, religião e espiritualidade, todos particulares). Esse binômio ligou a divisão e subsequente hierarquização de grupos do globo no interior de territórios geoespaciais mundiais aos termos de uma teoria da linearidade temporal: o Ocidente era moderno porque tinha evoluído de modo a articular as características-chave da modernidade, ao contrário do Oriente, que era tradicional (Lander, 2002).

Essas oposições binárias construíram o conhecimento dos dois mundos, Ocidente e Oriente, e os colocaram em campos antagônicos, criando hierarquias e, assim, dividindo-os em termos do "eu" e do "outro"; postulando a universalidade para o "eu" e as particularidades para o outro. "Manter uma diferença sob o pressuposto de que somos todos humanos" (Mignolo, 2002:71) fazia parte do projeto normativo da modernidade e, subsequentemente, de sua teoria sociológica. Essas eram as "verdades" da modernidade e do mundo moderno; essas verdades eram consideradas objetivas e universais.

Os pressupostos fundamentais do eurocentrismo-orientalismo foram incorporados ao quadro das disciplinas da sociologia e da antropologia no final do século XVIII. A sociologia tornou-se o estudo da sociedade moderna (europeia — depois ocidental), enquanto a antropologia era o estudo das sociedades tradicionais orientais (não europeias e não ocidentais). Dessa forma, sociólogos estudavam como as novas sociedades evoluíram a partir das ramagens secas das velhas sociedades; sua noção de tempo e história estava embebida nesse discurso. Já os antropólogos estudavam, ao contrário, como o espaço/lugar organizou culturas "estáticas", incapazes de transcender suas estruturas internas para serem e tornarem-se modernas (Patel, 2006, 2011a).

Tomo agora o caso da Índia para mostrar de que modo o particular foi organizado como conhecimento acadêmico por antropólogos e administradores no contexto do colonialismo. Eles empregaram os mesmos binômios para dividir ainda mais o Oriente, separando-o em territórios geoespaciais, atribuindo a cada qual um valor cultural abrangente. No caso da Índia, foi a religião: o hinduísmo. O discurso da colonialidade fundiu a Índia e o hinduísmo. A fusão da Índia com a Índia hindu não é novidade. A genealogia dessa fusão remonta a constructos coloniais do século XIX, que pressupunham dois princípios. A primeira pressuposição era geográfica e fazia uma distinção entre os grupos vivendo no subcontinente e as estruturas espaçoculturais do Ocidente, criando, assim, o binômio dominante Ocidente-Oriente. Mais tarde, aqueles vivendo no subcontinente foram ainda classificados geograficamente em zonas espaçoculturais e subdivididos "regionalmente" (Patel, 2007).

A segunda pressuposição estava ligada às divisões internas e ao relacionamento entre esses grupos dentro da Índia. Todos os grupos vivendo no subcontinente foram definidos com base na sua relação com o hinduísmo. Aqueles diretamente ligados ao hinduísmo, como castas e tribos, foram denominados a "maioria" e organizados em hierarquias distintas (as castas eram consideradas superiores às tribos, que se acreditava serem "primitivas"), ao passo que aqueles sem ligação com o hinduísmo foram concebidos como "minorias", compostas, sobretudo, por grupos que praticavam o islamismo e o cristianismo. Teorias evolucionistas foram usadas para fazer do hinduísmo a "grande tradição", ancorando em uma civilização atemporal e em suas margens as culturas populares, as "pequenas tradições" (Patel, 2007).

Ao pesquisarem religiões da Ásia Meridional, antropólogos e sociólogos aceitaram inúmeras vezes de forma acrítica essa lógica, tornando-

-se presas desse discurso. Não admira que Dirks (2001:13) defendesse que a conquista colonial tenha sido mantida não apenas pela superioridade de armamentos e organização militar, tampouco apenas pelo poder político e pela riqueza econômica, mas também por meio de tecnologias culturais de dominação. Tanto a conquista como o conhecimento coloniais possibilitaram modos de dominar e de construir teoricamente o que era o colonialismo — o seu próprio autoconhecimento. Os britânicos desempenharam um papel de destaque na identificação e produção de uma "tradição" indiana, composta pelas crenças e costumes daqueles vivendo na região. Dessa forma, Cohn afirma que:

> No esquema conceitual criado pelos britânicos para entender e atuar na Índia, eles seguiram constantemente a mesma lógica; reduziram códigos amplamente complexos e atribuíram sentido a algumas poucas metonímias (...) [Esse procedimento lhes permitiu] pouparem a si mesmos o esforço de entender ou explicar adequadamente sentidos sutis (ou nem tanto) atrelados às ações de seus súditos. Uma vez que os britânicos houvessem definido algo como um costume indiano, ou um vestido tradicional, ou a forma correta de saudação, qualquer desvio em relação a isso era entendido como uma rebelião ou um ato a ser punido. A Índia foi redefinida pelos britânicos como um lugar de regras e ordem; uma vez definidos, a seu bel-prazer, o que concebiam como regras e costumes indianos, cabia então aos indianos se conformarem a essas concepções. (Cohn, 1997: 162)

Geograficamente vasto, o subcontinente da Ásia Meridional conta com milhares de comunidades com diferentes ideias e práticas culturais, que viveram e experimentaram a existência em diversas formas de relacionamento desigual e subordinado umas às outras. Com efeito, historiadores da Antiguidade e da Idade Média informam-nos agora que aqueles grupos que identificamos como castas e tribos foram moldados por processos e lutas políticas por recursos materiais. Na Índia pré-colonial, múltiplos marcadores identitários definiam o relacionamento entre os grupos e eram contingentes, dependentes de processos complexos, constantemente mutáveis e relacionados ao poder político.

Assim, tivemos comunidades templárias, grupos territoriais, segmentos organizados por linhagem, unidades familiares, séquitos reais, subcastas de guerreiros, "pequenos ao invés de grandes reinos", grupos ocupacionais, associações de agricultura e comércio, redes de comunidades religiosas devotas e sectárias, e conexões sacerdotais. Aqueles agrupados sob o nome de "casta", conforme a definição do poder colonial, constituíam apenas uma categoria, entre tantas, e apenas um dos modos de representar e organizar a identidade (Dirks, 2001).

No século XIX, o conhecimento antropológico/sociológico dissolveu essas distinções e recategorizou-as em quatro ou cinco tradições religiosas principais, construindo, dessa forma, uma narrativa mestra da maioria e da minoria. Essa lógica não somente homogeneizou as distinções entre grupos, mas também naturalizou a linguagem orientalista-eurocêntrica como a única linguagem capaz de compreender a distribuição desigual de poder e recursos. Para tanto, foram mobilizadas as teorias orientalistas sobre raça e classificação linguística (Patel, 2006).

A partir daí, as teorias orientalistas sobre raça e classificação linguística foram usadas para produzir divisões hierárquicas entre os grupos brancos, raças arianas superiores chamadas de "castas", e negros, raças não arianas inferiores, agora denominadas "tribos". O interessante é que enquanto as "castas" foram definidas no contexto do hinduísmo, como grupos que cultivavam a terra, tinham uma tecnologia mais avançada e um atributo altamente civilizatório, as "tribos" eram definidas por contraste às castas, por possuírem uma tecnologia primitiva, viverem no meio da selva e por suas práticas religiosas animistas. Tais classificações e categorizações não eram peculiares à Índia. Elas também se manifestaram no continente africano, já que oficiais britânicos usaram esse conhecimento para forjar categorias de grupos sociais na África e retransferiram essas classificações recém-construídas novamente para a Índia, conforme ocorreu no caso do termo "tribo" como um grupo de linhagem baseado em um estado segmentário. Não admira que essas categorias coloniais tenham ajudado a legitimar o poder das elites internas existentes — nesse caso, as castas altas, particularmente os bramas (Patel, 2006, 2011a). Na seção seguinte, procurarei elaborar os modos e meios pelos quais o nacionalismo anticolonial ajudou a desarticular essa episteme colonial.

Os dois avatares dos nacionalismos metodológicos

No contexto da criação de uma teoria cosmopolita global, teóricos sociais examinaram criticamente os pressupostos metodológicos da primeira onda da teoria sociológica. Chamando essa crítica de nacionalismo metodológico, estabeleceram os modos de delimitar e organizar o conhecimento sociológico, carregando consigo os pressupostos que estruturam a pesquisa sociológica. Assinalam que, embora a sociologia tenha sido estruturada pelo prisma da nação, do Estado-nação e do nacionalismo, as teorias sociológicas europeias ignoraram essas ancoragens intelectuais e universalizaram sua linguagem desconsiderando essa história (Beck, 2000).

Em sua formulação mais direta, o nacionalismo metodológico implica coetaneidade entre "sociedade" e "Estado-nação", isto é, ele sustenta que a discussão sobre a sociedade moderna (feita pela sociologia) acarreta uma compreensão implícita da nação. Ou, em outras palavras, a nação é tratada como "a representação natural e necessária da sociedade moderna" (Chernillo, 2006). O nacionalismo metodológico é a crença inquestionada de que as fronteiras do Estado-nação são fronteiras naturais, dentro das quais estão contidas as sociedades. Essa ignorância e/ou cegueira é reforçada por uma forma de "naturalização"; as teorias sociológicas tomam pelo valor de face discursos oficiais, agendas, lealdades e histórias, sem problematizá-los. No limite, esse erro leva os sociólogos a territorializarem a linguagem das ciências sociais e a reduzi-la às fronteiras do Estado-nação. O nacionalismo metodológico reconhece que está imerso em posições eurocêntricas (Rodríguez, Boatcâ e Costa, 2010).

Meu argumento é o de que aquilo que sociólogos europeus consideravam "erro metodológico" tornou-se uma vantagem para os países pós-coloniais no momento histórico que define as décadas da época pós-independência. Assim, no caso da Índia como no de outras ex-colônias, o nacionalismo metodológico era uma incorporação autoconsciente de um lugar/território a partir do qual fosse possível criar um conjunto de diretrizes capaz de confrontar os discursos coloniais das ciências sociais. A identificação com o "lugar" permitiu aos intelectuais "nacionais" construir uma solidariedade intelectual contra o conhecimento dominante colonial. Além disso, o reconhecimento dessa

RUMO AO INTERNACIONALISMO   21

solidariedade a partir do "lugar" facilitou o crescimento de um discurso alternativo, que se tornou então o princípio organizativo da institucionalização de um sistema de conhecimento a partir de uma série de políticas e regulamentos. Essas políticas determinaram os protocolos e práticas de processos de ensino e aprendizagem, o estabelecimento e as práticas de pesquisa dentro dos institutos de pesquisa, a distribuição de bolsas para pesquisa, a linguagem da reflexão, a organização da profissão e as definições de acadêmicos e academia (Patel, 2011d).

A introdução da sociologia como disciplina (contra a antropologia) permitiu, por exemplo, a alguns departamentos na Índia inaugurar o ensino, o aprendizado e a pesquisa sobre uma sociedade indiana moderna, ao invés da tradicional. Essa mudança contou com a ajuda do legado das ideologias nacionalistas, que desejavam ver a Índia como um Estado-nação moderno. Essa vantagem teve um impulso adicional com a implementação de um projeto nacionalista moderno pelo Estado pós-independência, e a utilização da educação superior como instrumento de construção de uma nova Índia.

Não admira que esse conhecimento sociológico tenha discutido, debatido e representado as mudanças sociais no interior de uma nação e de um território — a Índia. Sociólogos encararam como seu projeto o de analisar sua própria sociedade (Índia) em seus "próprios termos" (nativos), sem a tutela colonial e, agora, neocolonial. Esse projeto permitiu a institucionalização de uma problemática particularista de uma nova maneira — uma avaliação de como a modernidade e a modernização estavam transformando as instituições características da Índia —, casta, parentesco, família e religião. Essa problemática particularista também influenciou perspectivas marxistas à medida que sociólogos radicais interrogavam e punham de lado teorias orientalistas revisionistas ao elaborarem a natureza distinta de classe e relações de classe na Índia e teorizarem sobre os seus diferentes modos de produção (Patel, 2011b).

Esses desdobramentos ocorreram em um contexto no qual as ciências sociais foram concebidas para terem um papel fundamental na conceitualização do desenvolvimento e de transformações planejadas. Essa agenda acarretou a necessidade de profissionalizar a disciplina e organizá-la dentro do território do Estado-nação. Nesse contexto, duas correntes de nacionalismo metodológico acima mencionadas, a da "territorialização" e a da "naturalização", ligaram-se simbioticamente em novas formas para tornarem-se uma parte integral das tradições de pensamento sociológico na Índia. A sociologia não apenas interpelou (ainda que parcialmente) a herança recebida das teorias e metodologias coloniais, mas também promoveu uma nova linguagem, com novas perspectivas e metodologias, que definiu a si mesma como sociologia indiana (Patel, 2011a).

Ao invés de restringir o conhecimento da sociologia internacional, as sociologias nacionalistas de países pós-coloniais o alargaram. Por um lado, as ex-colônias impuseram modos alternativos de avaliar procedimentos contextuais sublinhando, assim, as diversas particularidades que estruturam o mundo; e, por outro, assinalaram as desigualdades que estruturam a sociologia internacional. Essa herança tem relevância hoje e não pode ser apagada (Patel, 2011d.)

Contudo, tanto Syed Hussein Alatas (1972) como Paulin Hountondji (1997) também levantaram suspeitas quanto a esses projetos nacionalistas e sugeriram que eles não necessariamente reestruturaram as ciências sociais nos países pós-coloniais e tampouco deslocaram a hegemonia do conhecimento em ciências sociais globais. Há dois tipos de argumentos levantados aqui, e ambos relacionam-se a duas estratégias desenvolvidas para deslocar as tendências hegemônicas nas ciências sociais globais. Podemos chamá-las de versão forte e versão fraca. Enquanto a primeira estratégia de uma ciência social nacionalista — a versão forte — postularia uma necessidade de se criar uma sociologia nacional alternativa, baseada em posições culturais e filosóficas nativas e nacionais, a versão fraca sustentaria que há certas experiências historicamente características do Estado-nação e de sua cultura que precisam ser analisadas e examinadas em seus atributos característicos. Para poder fazê-lo, não é necessário criar uma ciência social separada para cada Estado-nação ou, aliás, para o "Sul". Hountondji (1997) argumentaria que tais projetos culturalistas, que ele chama de "etnociência", permanecem sendo parte dos binômios coloniais e neocoloniais do particular-universal e do nacional-global. O necessário é, antes, desenvolver uma estratégia para deslocá-los.

Como fazê-lo? Eu diria que é preciso olhar na direção da estratégia mais fraca para responder a essa questão. Essa estratégia incorpora dois passos: em primeiro lugar, uma necessidade de desconstruir o provincianismo dos universalismos europeus e localizá-lo em seu próprio contexto nacional e cultural. Em segundo lugar, uma necessidade de ir além do "conteúdo" das ciências sociais (as explicações que oferecem, as narrativas que constroem), moldado que está por uma genealogia que é ao mesmo tempo europeia e colonial. Antes, precisamos analisar a sua própria "forma" (os conceitos por meio dos quais as explicações tornam-se possíveis, incluindo a ideia mesma do que se considera uma explicação). Não podemos sustentar que as ciências sociais são pura e simplesmente europeias e, portanto, "erradas". Não devemos descartar essas categorias, mas ter em mente que elas frequentemente oferecem um entendimento apenas parcial e falho (Seth, 2009: 335).

Alatas e Hountondji trataram dessas categorias como "síndrome da mente aprisionada" e "extroversão", respectivamente. Elas relacionam-se com a produção global da cultura das ciências sociais. Essa cultura foi definida pelas ciências sociais do Norte e é tida como um modelo para o resto do mundo. O modelo apoia-se na pura magnitude de seus recursos intelectuais, humanos e físicos e seus capitais, juntamente com a infraestrutura necessária à sua reprodução. Isso inclui não apenas equipamento, mas arquivos, livrarias, editoras e jornais; a evolução de uma cultura profissional de compromisso e engajamento intelectual conectando os produtores e os consumidores de conhecimento; instituições como universidades, e estudantes possuindo vínculos com outros baseados em Estados-nação do Norte e agências globais de produção de conhecimento.

Por trás dessas culturas e práticas encontram-se os processos econômicos e políticos desiguais que organizam a produção e reprodução das ciências sociais internacionais. Nos anos 1950 e 1960, intelectuais nos Estados-nação pós-coloniais usaram uma estratégia "nacionalista" para confrontar as dependências coloniais. Hoje há a necessidade de uma estratégia multidimensional para deslocar as ciências sociais hegemônicas. Há uma necessidade de questionar se a estratégia nacionalista mencionada anteriormente continua significativa e, nesse caso, de que forma. Isso porque a estratégia nacionalista dominou e universalizou seus subalternos "locais" e calou suas vozes. Nessas circunstâncias, pode o Estado-nação ser o lugar da criação de um conhecimento que organiza as "particularidades" contra seu oposto binário, o "universal"? Pode ele se tornar um lugar de consolidação dos muitos "particulares" para uma tentativa de se deslocar os conhecimentos hegemônicos? Na seção seguinte discutirei algumas complexidades que estruturam nossas intervenções e sugerem que a jornada tem muitos obstáculos a superar.

Desafios e caminhos

Desde os anos 1970 e particularmente depois dos anos 1990 a dinâmica do mundo mudou. Embora seja difícil chegar a um acordo sobre o que a globalização implica, muitos concordarão que a abertura inerente a esse processo subsume um fluxo livre de ideias, informação e conhecimento, mercadorias, serviços, finanças, tecnologia e até mesmo doenças, drogas e armas. A globalização contemporânea abriu possibilidades para vários tipos de movimentos transnacionais, ampliou os espaços para prováveis projetos de cooperação e também para conflitos, e promoveu mudanças no modo como o poder é concebido e consolidado.

Desigualdades e hierarquias não são mais uma característica de países coloniais e ex-colônias. Elas estão sendo reproduzidas mundo afora e organizadas de modos diferentes e desiguais pela forma global dominante da modernidade. A falta de acesso a meios de subsistência, infraestrutura e cidadania política agora combina-se a exclusões relacionadas à identidade cultural e grupal em diferentes lugares. Esse processo tem desafiado a construção da agência de atores e grupos de atores (Patel, 2010).

A globalização envolve processos múltiplos, complexos e contraditórios, que continuam incessantemente a desenrolar-se com a passagem do tempo. Ela também cria oportunidades para se refletir sobre esses processos ao desvincular o conceito de território de sua localização na dinâmica do poder-conhecimento e seus binômios. Esses desdobramentos criam desafios para conectar o internacional/global ao nacional sem inseri-los nos binarismos do universal e do particular herdados da sociologia do século XIX.

Esses processos combinam as tendências em direção à integração global dos antigos Estados-nação na forma de regiões, tais como os Brics ou a União Europeia, e ao mesmo tempo reforçam as tendências em direção a sua desintegração, tal como a das antigas federações da ex-União Soviética e Iugoslávia, graças à afirmação de identidades etnonacionais. Além disso, o Estado-nação, que era o cerne de toda teoria política, atravessa uma crise política e existencial. Por um lado, ele vem sendo pressionado de cima por regimes internacionais como a Organização Mundial do Comércio, e, por outro, por processos subnacionalistas inspirados por movimentos etnonacionalistas.

Este texto argumentou que a redução de "sociedade" a território nacional no interior das sociologias nacionalistas dos países pós-coloniais criou problemas teóricos e metodológicos. Está claro que as sociologias nacionais tornaram invisíveis e/ou subestimaram as vozes e experiências localizadas dos "fracos" "locais" e subalternos "marginais" dentro de seu território. Ao longo do tempo, as ciências sociais tornaram-se também intimamente associadas aos discursos e métodos oficiais de interpretação da relação entre nação, Estado-nação e modernidade. Se as sociologias do final do século XX questionaram o supranacional, elas também dominaram e universalizaram o seu próprio infralocal. A questão controversa é: que tipos de enquadramentos são necessários para se criar uma sociologia internacional capaz de incluir em sua análise esses processos conflituosos e contraditórios de dominância-subordinação que organizaram suas epistemes diferenciais e silenciaram várias outras no mundo? Faz-se necessária uma moldura comparativa fora do particular-universal e do nacional-global.

Já foi dito que, a despeito das tendências negativas anteriormente delineadas, o Estado-nação continua um lugar-chave para se intervir. Isso porque ele desempenha um papel na definição das estruturas de aprendizado, em seus protocolos e práticas; no estabelecimento e práticas de institutos de pesquisa; na distribuição de bolsas para pesquisa; na linguagem da reflexão; na organização da profissão e nas definições de acadêmicos e da própria academia. Além disso, ele pode também, como já o fez, proscrever o ensino de determinados temas das ciências sociais. Contudo, o mais importante é reconhecer que, embora o Estado-nação continue sendo o lugar para o exercício da política e a definição de identidades, o globo é, cada vez mais, o lugar da troca intelectual (Patel, 2011c, 2011d).

Em outra ocasião (Patel, 2010, 2011d), argumentei que mais importante é afirmarmos a necessidade de combinar o lugar (e não apenas o do estado-nação) com uma voz, em processo de crescente conexão orgânica entre si. É importante darmos uma localização epistemológica às dinâmicas em constante evolução de espaço/lugar e voz, abrindo dessa forma a disciplina a novos públicos, instituições e procedimentos. A despeito das já reconhecidas conexões verticais de dependências (instituídas durante o colonialismo e depois mantidas por meio das constantes desigualdades que contrapõem o Norte ao Sul), é importante conectar e fazer interagir as articulações entre as vozes espaciais/locais em níveis horizontais (Sul-Sul). Porque se concordamos que as dependências coloniais e pós-coloniais de dominação e controle precisam ser combatidas, isso tem de ser feito politicamente. O desafio, hoje, é o de criar-se uma linguagem política e uma infraestrutura intelectual que possam criar uma interação entre os diversos "Suis", dissolver as marcas distintivas entre eles e em seu interior e fazer com que suas várias vozes reconheçam a matriz de poder que instituiu essas divisões.

É importante promover as vozes de diversas tradições sociológicas — infralocais e supranacionais — com suas próprias obras culturalistas, epistemologias e enquadramentos teóricos, cultura científica e linguagem da reflexão, lugares de produção de conhecimento e sua transmissão para todos os diversos "Suis". Há muitos lugares em que esses diálogos podem acontecer: salas de aula e departamentos, campanhas, movimentos e causas. O diálogo acarretaria intercâmbios acadêmicos e programas de cooperação em pesquisa, formulações conjuntas de programas de curso e evolução de protocolos de conduta profissional nas relações Sul-Sul. Esse projeto precisa envolver atores de diversos tipos: acadêmicos e pesquisadores, editores e editoras, e as "comunidades epistêmicas" mais amplas, junto a ativistas e interlocutores políticos. Eles precisam avaliar, elucidar e refletir sobre questões que definem o ensino, o aprendizado e os procedimentos de pesquisa, de modo que um esforço seja feito para organizar e sistematizar o conhecimento que se encontra fora da herança das antigas dependências recebidas.

Sociólogos ao redor do mundo esforçam-se por teorizar uma maneira de combinar as demandas globais sem negligenciar as diversas vozes locais e subalternas. Alguns chamaram essa teoria de modernidade global (Dirlik, 2007), outros a denominaram de emaranhado (Therborn, 2003) e outros, ainda, a chamaram de cosmopolitismo (Beck, 2000). Eu preferi usar "modernidades diversas". Em muitas línguas dentro de países pós-coloniais (inclusive línguas coloniais como o inglês), o termo "diverso" teve um uso multivariado, e seus significados vão de uma simples afirmação da diferença à elaboração de uma teoria ontológica da diferença que reconhece o poder como um conceito central na criação de epistemes. Simbolicamente, ele também sugere dispersão, mais do que homogeneização. Além disso, em seus efeitos (como uma teoria ontológica), seu uso permite que essas epistemes não sejam colocadas numa única linha, nem consideradas iguais entre si. Ao contrário, elas permanecem em relações recíprocas entre si e são por sua vez organizadas a partir das condições dessa reciprocidade. Essas condições são estruturadas em diversos níveis da dinâmica espaço/lugar dentro de uma matriz de poder. Individualmente, essas manifestações não são nem superiores nem inferiores e, coletivamente, elas permanecem distintas, variadas, universais, porém, interconectadas. Elas apresentam e definem suas próprias teorias para avaliar suas perspectivas distintas e diferentes sobre a sociologia e suas teorias e práticas.

Seremos capazes de aceitar essa estratégia para contrabalançar as tendências hegemônicas das ciências sociais do século XIX, que continuam ainda hoje?

Referências

ALATAS, S. H. The captive mind in development studies. *International Social Science Journal*, v. 24, n. 1, p. 9-25, 1972.
AMIN, S. *Eurocentrism*. Londres: Zed Books, 1989.
BECK, U. The cosmopolitan perspective: sociology in the second age of modernity. *British Journal of Sociology*, v. 151, p. 79-106, 2000.
CHERNILO, D. Social theory's methodological nationalism: myth and reality. *European Journal of Social Theory*, v. 9, n. 1, p. 5-22, 2006.
COHN, B. S. *Colonialism and its forms of knowledge*: the British in India. Nova Delhi: Oxford University Press, 1997.
DIRKS, N. *Castes of mind*: colonialism and the making of modern India. Princeton: Princeton University Press, 2001.

DIRLIK, A. *Global modernity*: modernity in the age of global capitalism. Londres: Paradigm, 2007.

DUSSEL, E. Eurocentrism and modernity. *Boundary*, v. 2, n. 3, p. 65-76, 1993.

HOUNTONDJI, P. *Endogenous knowledge*: research trails. Dakar: Codesria, 1997.

LANDER, E. Eurocentrism, modern knowledges, and the "natural" order of global capital. *Nepantla: Views from South*, v. 3, n. 2, p. 249-268, 2002.

MIGNOLO, W. D. The geopolitics of knowledge and the colonial difference. *The South Atlantic Quarterly*, v. 101, n. 1, p. 57-96, 2002.

PATEL, S. Against cosmopolitanism. *Global Dialogue*, International Sociological Association, Issue n. 4, 2 (3), 2011d. Disponível em: <www.isa-sociology.org/global-dialogue/2011/05/challenging-cosmopolitanism/>.

____. Beyond binaries: a case for self-reflexive sociologies. *Current Sociology*, v. 54, n. 3, p. 381-395, 2006.

____. Introduction: diversities of sociological traditions. In: ____ (Ed.). *The ISA handbook of diverse sociological traditions*. Londres: Sage, 2010. p. 1-18.

____. Lineages, trajectories and challenges to sociology. In: *India Footnotes*, American Sociological Association, mar. 2011c. Disponível em: <www.asanet.org/footnotes/mar11/intl_persp_0311.html>.

____. Ruminating on sociological traditions in India. In: ____ (Ed.). *Doing sociology in India*: genealogies, locations, and practices. Nova Delhi: Oxford University Press, 2011a. p. xi-xxxviii.

____. Social anthropology or marxist sociology? Assessing the contesting sociological visions of M. N. Srinivas and A. R. Desai. In: ____ (Ed.). *Doing sociology in India*: genealogies, locations, and practices. Nova Delhi: Oxford University Press, 2011b. p. 72-99.

____. Sociological study of religion: colonial modernity and nineteenth century majoritarianism. *Economic and Political Weekly*, v. 42, n. 13, p. 1089-1094, 2007.

QUIJANO, A. Coloniality of power, eurocentrism and Latin America. *Nepantla*, v. 1, n. 3, p. 533-580, 2000.

RODRÍGUEZ, E. G.; BOATCÂ, M.; COSTA, S. (Ed.). *Decolonising European sociology*: transdisciplinary approaches. Londres: Ashgate, 2010.

SETH, S. Historical sociology and postcolonial theory: two strategies for challenging eurocentrism. *International Political Sociology*, v. 3, p. 334-338, 2009.

TAYLOR, C. Two theories of modernity. *The Hastings Centre Report*, v. 25, n. 2, p. 24-33, 1995.

THERBORN, G. Entangled modernities. *European Journal of Social Theory*, v. 7, n. 3, p. 293-305, 2003.

CAPÍTULO 2

Como escrever hoje a história das ideias e dos intelectuais de uma perspectiva comparativa, transnacional?*

Maurício Tenorio
University of Chicago

O "COMO?" convoca ou ao *tractus* metodológico ou ao simples manual de uso; ou a sisudas elucubrações sobre a harmonia e o compasso ou à guitarra no pescoço, a pulsar os dedos sobre as cordas e "isto é tocado assim e assado". O primeiro é necessário, mas pouco útil para dominar o instrumento; o segundo é prático, mas não dá para generalizar "assim é a música", para além de cada peça, de cada momento particular. De meu ofício (historiador) derivo uma maneira peculiar de encarar o duplo desafio do "como?". Converto, pois, o enorme "como?" em "como escrever hoje...?", em uns quantos e modestos por quês e quês.

É um truque, só o que faltava. Apoia-se em evadir o direto encontrão teórico com o grande "como" mantendo os pés sobre a plebeia "terra nossa", a dos historiadores que — sumidos em dúvidas e aflições teóricas, arquivísticas e de agremiações — disfarçamos de grandes os pequenos "comos" de nosso trabalho. Assim, fervores de meta-histórias, epistemes, regimes de historicidade, transnacionalidade ou subalternidade têm sido a conta do que realmente preocupa os do mundano ofício de contar história; puerilidades: como conto um conto, como rompo a virgindade da página em branco, onde encontro estes dados, como não incluir isto e o outro, como excluir o outro, pode ter sido assim?... As reflexões que seguem, pois, aterrizam em transcrições concretas, as quais retiro das histórias que li e escrevi ou que estou lendo e escrevendo.

---

* Tradução de Ronald Polito.

1

O comparativo/transnacional/global na história é vendido hoje como o molecular na cozinha do *chef* catalão Ferràn Adrià; ou seja, como vanguarda, como progresso e alternativa na disciplina da história, ela, pobre, tão ávida de reabilitar-se de sua adição ao nacional ou nacionalista. Mas outro catalão, Josep Pla, nos esclarece, para benefício da comida e da história: "Falar de progresso... na arte culinária é uma brincadeira. O progresso, o porvir, nós o temos atrás. Já o superamos". O mesmo digo da história: de Aristóteles a Giambattista Vico, de Hegel a Benedetto Croce, de José de Acosta ao padre Vieira, a história se quis sempre universal, assumia-se o acontecer do todo humano, cada expressão geográfica ou cultural era uma versão peculiar ora do divino ora da razão em constante transformação. Irônico, então, que hoje a disciplina da história se assume "*cool*", *hippster*, alternativa, inovadora tão só por examinar dois ou três países ou por fazer as conexões transnacionais em, por exemplo, a história do conceito de raça entre Brasil e Estados Unidos ou na monarquia hispânica (quer dizer, Universal).

O certo é que com isto a disciplina não avança senão retroage ao pré-século XIX, quando toda história era, por natureza, ou mais que nacional ou não nacional. A longa concupiscência do século XIX entre a formação de modernos estados nacionais e a profissionalização da história produz o efeito óptico no século XXI, e assim a única novidade do transnacional radica em um simples pós: pós-XIX, pós-nacional, coisa empírica de não mais de século e meio, e moda acadêmica de não mais de duas décadas.

Três impulsos importantes fizeram com que a nação fosse posta em dúvida como principal unidade de análise histórica. Primeiro, o fim da Guerra Fria e a tagarelice da globalidade. Isto produziu um novo *boom* nos estudos sobre o nacionalismo. Como acreditava Eric Hobsbwam em fins da década de 1980, falávamos mais de nacionalismo quando a nação perdia importância. Claro, como sempre, a história nos traiu: o pós-Guerra Fria foi um fervedouro de nacionalismos armados e não, da Bósnia à Chechênia, das matanças tribais na África ao eterno conflito Israel-Palestina, da Bélgica à beira do colapso nacional à violência no País Basco ou ao independentismo catalão. Queremos retornar nossos relatos às perspectivas anacionais, mas a história de princípios do século XXI é a do ressurgimento de nacionalismos étnicos, culturais, econômicos. O próprio futuro do único grande experimento historiográfico e cívico de convivência anacional, a União Europeia, está em interdição, embora na década de 1990 a Europa fosse um sublime exercício exitoso de pós-nacionalismo em termos de infraestrutura jurídica e de escrita da história. Um segundo impulso transnacional para a história veio da história imperial, sobretudo do império britânico. Como mostrou Ian Tyrell, a história imperial foi pioneira em superar o eixo nacional, ora do ponto de vista da história do contato do império britânico com nativos, ora da história ecológica ou política. De certa maneira, também os estudiosos do império espanhol, português e holandês hoje podem ser vistos como precursores da nova moda. A natureza do trabalho de John Elliot ou Sanjay Subrahmanyan, por exemplo, foi sempre ou mais que nacional ou anacional.

Finalmente, o debate doméstico da historiografia estadunidense explica também a virada transnacional na disciplina. A partir da década de 1980, nas universidades estadunidenses surgiu uma séria autocrítica a seu nacionalismo, a sua aproximação etnocêntrica e paroquial a uma história nacional assumida excepcional. A veia crítica vinha da história diplomática, da antropologia, dos departamentos de literatura, da nova esquerda da década de 1970. E como tudo o que toca, o transnacional virou moda com o beijo da hiperprodutiva e hiperbólica vida universitária estadunidense. Por certo, à maneira do antiamericanismo francês, poderíamos desdenhar esta autocrítica como simples idiossincrasia estadunidense. De fato, isso já foi feito: as revistas especializadas estadunidenses estão cheias de debates pró e contra o transnacionalismo na história e, sobretudo, na história estadunidense. O que prefiro não criticar é o impulso mesmo: por marginal que tenha sido a autocrítica, não conheço outra historiografia nacional que tenha feito uma mea-culpa tal, um esforço assim por desparoquializar-se. Melhor dito, conheço outro exemplo, que seguramente não é a França, nem a Áustria, nem México, nem Brasil, uma cuja autocrítica teve motivos menos voluntariosos: Alemanha.

Quando falamos de comparação ou de transnacionalidade, pois, o fazemos, primeiro, do ponto de vista moderno; segundo, só é possível fazê-lo com referência aos tempos modernos. O que hoje chamamos história comparada ou transnacional seria impossível no século XVI, inclusive para um humanista, nacionalista imperial inglês, ainda que italiano, como Polydoro Vergil de Urbino e sua *Anglica historica*, ou para um protonacionalista português imperial como o padre Vieira e sua *História do futuro*. E hoje mesmo ninguém tenta fazer história transnacional da Idade Média ou do Renascimento. Um despropósito, como provou Patrick J. Geary (*The myth of nations*). Que absurdo seria sustentar aproximações comparativas ou transnacionais às ideias do século XV ou XVI. No século XVI foram escritas várias histórias das Índias, por exemplo, a de Gonzalo Fernández de Oviedo (*Historia general y natural de las Indias*, 1526) ou a de José de Acosta (*Historia natural y moral de las Indias*, 1590). Embora rezassem sobre México e Peru, essas histórias eram universais, incluíam Israel, Roma, a monarquia hispânica e, como constante, os indígenas, almas infantis em ecumênico purgatório esperando a gloriosa e universal salvação, não um paraíso étnico.

Concluo, pois, que o grande como do transnacional na história é um como menor e específico: como superar, em termos de ideias e intelectuais, o influente, abarcador e aparentemente insuperável marco nacionalista que é intrínseco ao projeto moderno da disciplina da história.

Uma pergunta grandinha mas que já inclui suas respostinhas úteis para o ofício, não para a teoria, de ser historiador: é preciso ler, saber algo mais do que história moderna, é preciso saber-se passageiro de um barco (o de Clio) que há muito partiu, que enfrentou muitas tormentas; é mais um este temporal da nação e do estado modernos. Houve outros e virão mais.

2

Por intelectuais e ideias só podemos referir-nos aos modernos, porque essa ocupação, a de intelectual, é, só o que faltava, moderna — da guerra entre modernos e tradicionais na república das letras de fins do século XVIII, do Affaire Dreyfus à *Trahision des clercs*; de Emerson — que era mescla de publicista, orador pago, panfletista, moralista, filósofo e voz pública — a Gore Vidal (mais ou menos o mesmo, mas de má sorte e homossexual); de José Bonifácio, intelectual que se preocupava e se ocupava, a Joaquim Nabuco, voz pública do abolicionismo entre Inglaterra e Brasil. Como mostrou, entre muitos, Didier Masseau, o intelectual é um personagem moderno, filho da prensa, do crescimento e da democratização das cidades, da literatura de folhetim. Um ofício moderno, esse do intelectual público que sabe um pouco de tudo, que se autoproclama voz pública e é assessor de Estado, que é a fama literária e o prestígio civil, que é diva pública e sério pensamento em privado. Homens quase todos eles, e gente presidenciável muitas vezes — Jefferson, Sarmiento, Mitre ou Manuel Azaña e Mario Vargas Llosa. Às vezes foram produtores de ideias práticas em economia, ciência, educação ou nas artes; outras vezes parecem monopolizar os debates, as novas verdades e utopias políticas ou estéticas (o mesmo Carlos María de Bustamente tal como Edward Bellamy; Goethe tal como Andre Breton; Donoso Cortés ou Joaquín Costa ou Alexandre Herculano). Também se autonomearam donos do monopólio da dúvida e do desconsolo (de Nietzsche a Zizeck), embora a ciência certa, único monopólio que podemos reconhecer em todos, românticos ou pós-modernos, é a da vaidade, essa moderna, assaz egocêntrica, tão de futebolistas ou toureiros.

3

Frequentemente se argumenta a necessidade de uma história transnacional partindo do axioma da inédita globalização (ligada inevitavelmente ao capitalismo). De repente, os historiadores se dão conta de que tudo tem a ver com tudo, pois a nação já não dá mais como marco de análise. Impõe-se ao historiador a necessidade de pensar por meio de profetas que, partindo do incrivelmente inovador presente (uma obviedade), requadriculam o passado em tudo-tem-a-ver-com-tudo "epistemes" ou mentalidades ou etapas prólogo do pós-capitalismo cibernético. Que eu não seja mal interpretado, bem-vindo tudo o que ajude os historiadores a pensar, tão presos que estamos à especificidade e ao anedótico. Porém não temos avançado muito mais além da nação com quatro ou cinco décadas de Foucault, Zizek, de Certeau, Anderson e demais. A pergunta deles é como escapar, escrevendo passados diferentes, da opressora globalidade que não possuímos, que nos possui? Sob esta lente abarcadora, tanto o historiador como os personagens que historiza resultam executores e executados de imensas estruturas de poder que ninguém concebe em sua totalidade, exceto, claro, os profetas da contemporaneidade.

Mas estas são perguntas imensas que empequenecem logo que as enfrentamos com a pena de historiador: é preciso ter uma história para contar e é preciso contá-la bem, que narração, que ordem, o que incluir, o que excluir, como não notar as conexões de tudo com tudo e como narrá-las; o passado é simultâneo, a escritura é uma coisa depois da outra, e quanto mais páginas escrevamos menos lidos seremos... O problema do historiador não é assumir o mundo global; é mais, o bom historiador do século XVI ou XVIII ou XIX já topou com que tudo tinha a ver com tudo. Os caciques novo-hispânicos do século XVI defendiam seus privilégios, em náuatle, espanhol ou mixteco, com histórias cheias de referências a Jerusalém, Roma, às tribos de Israel e ao judeu palestino de nome Jesus de que os índios eram devotos graças às repetições em latim, às representações en náuatle, a imagens produzidas através de estilos locais mesclados com artes representativas dos países baixos, ou, inclusive, com a arte japonesa trazida em biombos e cerâmicas pelos portugueses e espanhóis do Japão e Filipinas. Mais global que isso? O surpreendente da globalidade atual não é o abarcador, mas a imediatez: a internet. Tudo tem a ver com tudo quase sempre, o problema para o historiador é mais prático: como capturar em linguagem, com evidências empíricas do passado e com lógica, um tudo tem a ver com tudo que deixe marca na simultaneidade do presente.

É uma bobagem mas a digo: o problema do historiador é a síntese e isso não se resolve com aforismos de profetas da contemporaneidade. Mas a síntese histórica não existe sem os aforismos do filósofo, ainda que os aforismos do filósofo procedam já e inevitavelmente de sínteses históricas já feitas. Álvaro Coelho de Athayde, décimo quarto barão de Teive (quer dizer, Fernando Pessoa), o disse em *A educação do estoico*: "Se o poder sistematizador do pensamento bastasse para a obra se fazer, se a sistematização fosse coisa que a intensidade da emoção pudesse obrar, (...) então por certo a minha obra se haveria feito, pois se haveria deveras feito ela, em mim, e não eu a ela. Só tem parte na vida real do mundo quem tem mais vontade que inteligência, ou mais impulsividade que razão". Não é modéstia, é confissão: o historiador é vontade, tudo cabe em um jarrinho sabendo acomodar; uma vontade, não obstante, estranha: nem sequer arranca sem uma mínima chispa de inteligência para conceber não só o jarrinho mas o todo que, por ser passado, não é um algo aí, é um foi, é um tem ido e não volta mais.

4

A nação como eixo e sustento de quase toda historiografia moderna não foi só uma questão de dominação e poder, senão também uma solução prática para o ofício de historiar: cada nação é única e irrepetível, mais ainda, é claramente delimitável territorial, temporal, cultural e etnicamente. Ou dessa verdade partimos, embora não seja tal. Mas o truque é anterior: ser nação não é opção, é em si um universal epocal, filosófico e moral, assim como o *imperium populi romani* ou como a monarquia hispânica, porém muito mais amável ao historiador. Nação é um truque que aos historiadores nos faz partícipes da história como projeto universal, mas nos facilita o trabalho enormemente: só estes arquivos, só estas terras, só esta língua, só esta gente.

Por isso a objeção fundamental ao transnacional ou comparativo não é realmente questão muito sisuda, senão quem pode ser *expert* em algo mais que uma história nacional? Quem tão erudito para decifrar especificidades, com tato e conhecimento de causa e de seus múltiplos vínculos com outras especificidades, em três países, quatro línguas, 20 arquivos? Os bons medievalistas foram sempre anacionais, não importa se tratam da Coroa de Aragão ou dos principados alemães, porque estudam economia, sociedade, cultura, religião ou sexualidade medievais, ou seja, comuns. A língua é o latim e até muito recentemente, com o estudo de documentos de justiça que incluem transcrições em vernáculo, os medievalistas não tinham por que saber algo mais do que latim. Claro, de um medievalista sério se tem esperado o domínio de três ou quatro vernáculos; o monolinguismo é aceitável em um historiador dos Estados Unidos ou da França modernos.

No que diz respeito ao moderno, digamos que, se alguém é brasileiro, historiador, sabe do Brasil e, dependendo do período, algo de

Portugal, da França, da Inglaterra, da África, mas pouco mais. Por várias razões: porque a nação é a historiografia e a historiografia é a nação, porque a nação não é só o que foi, mas o que devia ser, porque o ofício de historiador é mais amável se for restrito à nação. Ademais, ainda não há muitos postos universitários para historiadores que não sejam *experts* nacionais.

5

Nacional ou transnacional, a história tem seu imperativo: narrar, contar, afã de ao mesmo tempo habitar e romper um bem estabelecido *storytelling*. As histórias intelectuais do liberalismo no México ou na Argentina, dos intelectuais de Nova York, ou das ideias da *American Revolution* ou a história do liberalismo ao redor da constituição de Cádis em 1812, frequentemente estão muito centradas em historiografias nacionais e nacionalistas. Claro que são histórias diferentes das histórias pátrias convencionais, porém possuem algumas estruturas narrativas bem conhecidas, centradas nacionalmente, com argumentos mais ou menos bem sabidos, vilões e heróis claramente predizíveis. Quando dizemos comparativo ou transnacional, queremos dizer ir além disso, ao incluir algo mais que o nacional, outra história, mas não outro *storytelling*: trata-se de contar o mesmo conto, mas em tamanho maior. Por exemplo, a recepção mundial da declaração de independência das 13 colônias, que é, com mais ou menos cor, o relato conhecido da grandeza republicana estadunidense; a Pepa em Buenos Aires, Lisboa, cidade do México e Barcelona, mas é o mesmo conto do inevitável triunfo ou fracasso do liberalismo moderno em terras alérgicas à modernidade. Porque nosso escrever histórias está muito restringido por estilos e relatos meridianamente estabelecidos os quais se reduzem e não à nação. Alguém pode tocar a música da história das ideias e dos intelectuais liberais e republicanos adaptada para um piano (uma nação) ou em versão sinfônica (para o mundo), mas a história é a mesma, as notas são as mesmas. Os temas determinam e estão determinados pelo *storytelling*.

Um simples giro no tema convida outro *storytelling*. Por exemplo, considere-se o continente americano, de cerca de 1770 a 1830, mais além de nações, mais além de América Latina e América Inglesa, e considere-se não o republicanismo, mas seu reverso: a monarquia, a busca de ordem e Estado. Assim, a história não vai de Cádis a Bolívar e daí a constituições republicanas na Venezuela ou no México, na América Latina ou hispânica. Não, uma mudança de tema e perspectiva convida outro *storytelling*: outro mapa, um continente custodiado em seus extremos por dois grandes e sólidos experimentos monárquicos, um ligado à metrópole (Canadá), e outro independente a partir de 1822 (Brasil), mas como império ele mesmo, como continuidade institucional. No meio, um conjunto de variadas e, sobretudo, violentas tentativas republicanas, umas mais exitosas que outras, quase todas resultado não de desejos republicanos mas da infelicidade de não haver podido fazer as do Brasil ou do Canadá (Hamilton contemplou a monarquia como solução ao caos entre as colônias, o México nasceu como império monárquico e ainda em 1861 tornou a tentá-lo com outro Habsburgo, Lima só à força renegou seu rei, dona Carlota Joaquina no Brasil fazia seus planos para coroar Bourbons nas Américas). Deste jaez, se dilui o *storytelling* do liberalismo e do republicanismo triunfantes, das distintas histórias pátrias, da excepcionalidade estadunidense ou brasileira, da existência de uma história intitulada América Latina. A história a contar é a do pragmatismo, das reticências dos habitantes de Quebec em seguir os radicais republicanos estadunidenses, sua fidelidade à Coroa em troca de recuperar seus privilégios, sua língua e religião, o êxito do Quebec Act em manter a fidelidade à Coroa, o medo do radicalismo e do caos estadunidense, dos anglo e franco-canadenses, dos indígenas que confiavam, não sem razão, mais em reis do que em repúblicas. Isso unido ao fabuloso e trompicado exemplo brasileiro. Tão tarde como na década de 1830, o grande intelectual e estadista mexicano, não o mais liberal, mas sim o mais inteligente, Lucas Alamán, descrevia o terrível cambalacho que haviam significado 1808 e 1814 para a Espanha e o México: "Projeto este [levar a família real para a Nova Espanha ante a invasão napoleônica] que teria produzido os maiores resultados... A independência do México teria sido feita sem violência nem sacudimentos, como ocorreu no Brasil; mas talvez então não se teria manifestado na Espanha com tanta força o entusiasmo que produziu alguns dias mais adiante o glorioso levantamento da nação contra os franceses". E esta história pode ser seguida do século XIX ao XX com um mapa e uma cronologia inusual: na Espanha, de um historiador estadista, Antonio Cánovas del Castillo, que restaura a monarquia em 1876, à transição pós-franquista pactuada por esquerdas e direitas respeitando a instituição da Monarquia. Ou no Brasil mesmo, de José Bonifácio a um tardio monarquista como Eduardo Prado ou a outro historiador das ideias e dos intelectuais brasileiros que, na transição brasileira da década de 1980, propôs a monarquia, José Murilo de Carvalho. Enfim, só esboço como muda o *storytelling* se mudamos de tema. O interessante de um relato sobre ideias e intelectuais está na unidade de análise e na construção do tema a estudar.

6

A nação é a unidade de análise que priva e dela não podemos escapar; é e será eixo das histórias que contemos. O que não quer dizer que tenha de ser "o roteiro" de nossas histórias. Sempre proponho a meus alunos o seguinte exercício: selecionem um tema histórico da história do México, ou do Brasil ou da Espanha ou dos Estados Unidos ou da Guatemala, que possa ser lido só e fundamentalmente como uma história nacional. Nunca encontramos um. Porque não há um tema moderno que não se revele nacionalmente para nós, mas que se reduza a uma história nacional. Em especial em termos de ideias e intelectuais. Fácil aceitá-lo se falo da história, por exemplo, do ódio e do amor aos Estados Unidos nos intelectualis mexicanos, brasileiros ou espanhóis em fins do século XIX. Se repararmos em Justo Sierra, acaba que sua admiração institucional ou sua tardia fascinação por Emerson se tornam ódio não em face do "imperialismo *yankee*", mas ante os abusos democráticos que haviam conferido cidadania a milhares de negros ignorantes e haviam feito da liberada mulher estadunidense o detonador da futura destruição de um grande experimento republicano. E estas ideias não vinham da lembrança da guerra contra os Estados Unidos em 1848, mas de leituras mexicanas, espanholas, francesas, de antiamericanismo em francês e castelhano. Por outra parte, ao sustentar o caminho autóctone do Brasil, o monarquista Eduardo Prado não só caía nos mesmos lugares-comuns do antiamericanismo de Sierra, como lamentava a derrota de Maximiliano no México, a oportunidade perdida. E os intelectuais espanhóis da geração de 1898 alimentaram seu antiamericanismo, sua nostalgia imperial, de intelectuais como Darío ou Rodó, ao mesmo tempo que se levantavam novos nacionalismos renovados, como o catalão, baseado na ideia de que a Catalunha era a Chicago da península ibérica, já liberal, republicana, industrial, empreendedora, individualista, que podia ser a cabeça da reconstrução do império espanhol (Prat de la Riba). Nem algo tão local como o nacionalismo Catalão resulta, ao final, local: é devido a Cuba, aos Estados Unidos, ao romantismo alemão.

Se por intelectuais e ideias entendemos ciências, podemos cair no fatigado estilo de estudar ciências nacionais no mundo ibérico (Marcelino Menéndez Pelayo), como reflexos, cópias, imitações periféricas de centros científicos. Ou, pelo contrário, pode se tomar, não a nação, mas sim uma cidade e algumas instituições nacionais como eixo de investigação, como centros de interconexão de distintas correntes de acordo com um tema e algumas circunstâncias. Por exemplo, se falasse das ciências ao redor do tifo entre 1900 e 1940 — quando finalmente se erradicou como mal endêmico que periodicamente atacava cidades e campos de batalha —, poderia tomar como eixo o Rio de Janeiro, a Cidade do México ou Tunes, e daí escrever uma história com um eixo nacional. Mas a nação e suas instituições não teriam sentido se não aparecessem — não importa de que país se fale — Charles Nicolle e os piolhos de Tunes, ou a caça de piolhos e ratos no México em 1910 e 1933, e os trabalhos em Hamburgo em princípios do século XX do brasileiro Henrique da Rocha Lima. Claro que a história é a do professor Ricketts da Universidade de Chicago, mas ele morrendo na Cidade do México de 1910, e em pleito e colaboração com Ángel Gaviño, ou é o germano-estadunidense Hans Zinsser mas em Harvard, México, Tunes e com o médico mexicano Maximiliano Ruiz Castañeda. Enfim, que ideias e intelectuais são fáceis de tratar mais que nacionalmente se de ciência se trata.

É certo que, se por ideias e intelectuais alguém assume os temas tradicionais — o liberalismo, a literatura nacional, o nacionalismo, a sociologia dos intelectuais ou a intrigologia tabernária do *literati* —, então a nação parece onipresente. Mas não tanto: as histórias mais tradicionais do liberalismo na Argentina, no Brasil ou no México (Botana,

Zimmermann, Paim, Hale) são por definição transnacionais: são histórias da circulação mundial de ideias e suas adaptações. Menos transnacional resulta a história convencional das ideias políticas quanto mais próximo é o tema de um assumido centro da ação ocidental. As histórias das ideias políticas do século XIX estadunidense são profundamente anglocêntricas, estadunidenses. Para escrevê-las não há nem por que saber outra coisa que inglês. O problema não é, sim, a nação, a nação não como eixo de análise histórica, mas o tema. É o tema o que logo revela o tipo de aproximação. Raça, por exemplo, tem sido tema pioneiro na comparação histórica, sobretudo devido à importância da Raça na historiografia norte-americana. Frank Tannenbuam na década de 1930 começou a se dar conta de que era difícil entender o problema da raça na história moderna dos Estados Unidos se não fosse de uma perspectiva comparada, porque raça era uma maneira de dizer interação malévola entre África, Europa e América; era dizer economia e sociedade globais. Assim, Tannenbaum estudou a escravidão nos Estados Unidos, na América hispânica e no Brasil, criando aquele mito da bondade do senhor ibérico. Carl Degler fez o mesmo, e nem falta lhe fez saber português para falar de uma diferente escravidão entre Brasil e Estados Unidos pelo número de mulheres e pela proximidade entre senhores e escravos. E nas últimas décadas surgiu uma indústria da história das ideias e dos intelectuais ao redor do conceito de raça entre Brasil e Estados Unidos. A comparação, contudo, não necessariamente implica uma verdadeira transnacionalização, quero dizer, uma desnacionalização, das histórias; frequentemente se trata de histórias que, se em inglês, são raça à americana vendo o Brasil; ou seja, história profundamente doméstica que de tão de casa assume uma cega capacidade de universalização — se eu sou assim, todos são assim —, uma questão de ter os dados do Brasil ou de Cuba, e está pronto, porque o modelo já existe. O que, por assim dizer, Edward Telles avança como universal *sociology of race* é na verdade *race a la américaine*. É muito difícil desnacionalizar estes temas tão ao centro das histórias nacionais. Ninguém há de negar o racismo, nem no Brasil nem nos Estados Unidos, mas uma verdadeira história transnacional não necessariamente tem de acabar em antirracismo à americana, em *African-American history* do Brasil.

Ao tratar com intelectuais, pareceria ser que há uns que são que nem pintados para ser objeto de uma história nacional ou nacionalista, e outros que são por natureza cosmopolitas, dão para três ou quatro histórias nacionais. Francisco Manuel Altamirano, por exemplo, o intelectual mexicano mais importante da segunda metade do século XIX, nahua-falante e que propôs com veemência a criação de uma literatura nacional, pareceria ser tema para a história mexicana. E o é, porém mais revelador resultaria estudá-lo, sem deixar de ser nacional, com um olho na obsessão continental de nacionalizar línguas — aí Webster ou aí Martín Fierro —, para não mencionar a influência em Altamirano de Copper, Victor Hugo, Fernán Caballero.

Mas, com efeito, há intelectuais que parecem que nem mandados fazer para dar-lhes o vício do transnacional: como tratar Martí ou Darío ou Freyre sem uma perspectiva profundamente cosmopolita? Ou como não ver que em verdade só tem havido um ou dois intelectuas realmente "latino-americanos", se tal coisa se aplica: talvez Ingenieros e Vasconcelos, com certeza Prescott, Darío, Alfonso Reyes e Pedro Henríquez Ureña. Em troca, os intelectuais norte-americanos ou europeus parecem, por isso, por serem norte-americanos e europeus, indistintamente nacionais e cosmopolitas, sem problema. Mas mesmo eles merecem um olhar diferenciado, nunca separados de um ambiente doméstico, nunca distantes de um oxigênio intelectual mais que nacional. A ninguém surpreende que alguém leia a influência recente de Carl Schmitt no pensamento estadunidense. O surpreendente seria, em inglês, revelar esse outro cosmopolitismo do que não se escreve mais que marginalmente, em línguas osbcuras como o espanhol. Ou seja, descobrir Donoso Cortés detrás de Carl Schmitt. Ou resulta óbvio o vínculo George de Santayana-William James; menos óbvio seria ler em Santayana o misticismo espanhol.

Enfim, que a nação não é só o problema; é mais, não é um problema, se o tema é bem definido e bem tratado; é uma vantagem, um eixo que facilita as coisas práticas do historiador — arquivos, investigação, escritura. O problema são outras secretas unidades de análise histórica: os cosmopolitismos de andar em casa e as pesadas categorias idêntito-racio-culturais, como América Latina.

7

Utilizo os melhores exemplos para que não reste dúvida de minha firme adscrição a um verdadeiro cosmopolitismo — esse que sempre é um sólido olho em um, dois, três cenários domésticos muito bem conhecidos e um esforço contumaz para lê-los em chave sinfônica. *Atlantic crossings* de Daniel T. Rodgers é a história do porquê e como se pensaram e implementaram reformas sociais nos Estados Unidos entre 1880 e 1930. Mas é mais que isso: é o relato, exuberante e detalhado, de como cada peça das políticas ocidentais nesses anos, globais como poucos, foi pensada e executada dentro do complexo eco e intercâmbio de ideias e instituições. É história norte-americana, mas é sobretudo história de um momento do mundo ocidental, uma *"pregressive age"* em sentido mais que norte-americano, vista através de seu grande experimento, sua grande exceção, sua "suposta" expressão ótima, Estados Unidos. Um livro fundamente norte-americano e, contudo, profundamente *"un-American"*, como se costuma ainda dizer-se de tudo aquilo que é crítico do mito dos Estados Unidos como paraíso liberal e democrático. Um livro que, com seus acertos e desacertos, nos convida a ir em busca do tempo perdido em escrever histórias pátrias. Mas o que é o mundo atlântico? Evidentemente o termo se refere ao que convencionalmente identificamos como poder econômico e intelectual: Europa e Estados Unidos, talvez Canadá. Mas o certo é que os *"Atlantic crossings"* de que fala Rodgers incluíram muito mais do que Europa e Estados Unidos. São compreensíveis as "travessias atlânticas" de entre 1880 e 1940 sem colocar no coletivo "Europa" a Espanha liberal, monárquica, republicana e socialista, e o Portugal da revolução de 1910? Desnecessário falar a respeito, não tivesse sido necessário rastrear as travessias com estas experiências sulistas; bastava simplesmente reconhecê-las. Mas sobretudo, se não em Rodgers, na literatura que seguramente produzirão suas lúcidas sugestões, é necessário desbaratar o paquete "atlântico". As travessias e triangulações não serão vistas em toda a sua complexidade, incoerência e verdadeiro caráter experimental se não são incluídas as regiões, atlânticas, se houve, que foram os laboratórios do Ocidente; isto é, as "periferias", as colôniais e ex-colôniais. Ao ver as pretendidas modernidades à luz das sobras e ruínas de sua própria construção, que ficaram jogadas, por exemplo, por toda a América e África, se entende melhor o montante, a natureza e a relatividade das modernidades das "travessias atlânticas". Falar deles com respeito às problemáticas urbanas de fins do século XIX e princípios do XX, entre América e Europa, e não mencionar Buenos Aires ou São Paulo é, por um lado, uma espécie de transnacionalismo nacionalista (anda, vai mais além da casa mas não atravessa a rua); por outro, é um despropósito total. Buenos Aires, São Paulo, Nova York e talvez Chicago e Boston foram os laboratórios sociais e culturais mais importantes, para a Europa e a América, entre 1880-1930.

De fato, a mera dificuldade de abarcar a simultaneidade do passado atraiçoa o impulso cosmopolita, a ética do *"obligations to others"* (Kwame Anthony Appiah). Tampouco ajudam os bem enraizados cosmopolitismos de andar em casa. Se ocorre a um "mexicanista" norte-americano transnacionalizar-se, é porque estuda o Peru ou o Chile: cosmopolitismo de andar pelo *ghetto* acadêmico que lhe corresponde. Um livro tão sólido e admirável como *Die Drie Kulturen* (Wolf Lepennies) não sai dos confins europeus de três línguas, francês, inglês, alemão — que, não me interpretem mal, é muitíssimo, é admirável, mas de alguma maneira sabemos que são comparáveis. Aqui as velhas escolas filológicas têm muito que ensinar: só os velhos filólogos tratavam sem problemas de Shakespeare ou de Donne em coro com Lope, Cervantes, Góngora ou Camões. A filologia saiu de moda e a substituíram, na história, nações e ajuntamentos do que se concebe como peras com peras, maçãs com maçãs: ou a história dos Estados Unidos estudada com seus pares, *i.e.*, Europa, ou os Estados Unidos e o Brasil pela raça, ou México e Peru porque os índios, sem importar época ou circunstâncias. Os trabalhos de Anthony Pagden, por exemplo, ou os de John Elliot, George Steiner, ou Anthony Grafton pareceriam aproximar-se mais de um cosmopolitismo verdadeiro. Mas mesmo neles se notam os cosmopolitismos de andar em casa. Grafton, por exemplo, parece ter selecionado dois ou três latino-americanistas, em inglês, que lhe informam e daí trabalha, não fala as línguas. Na realidade, lhe importa pouco esse mundo fora da Europa de língua inglesa, francesa, alemã ou italiana. George Steiner, outro exemplo, com toda a sua erudição, ao receber o Prêmio Alfonso Reyes, lamentava não ter lido nenhum romance de Octavio Paz — que nunca escreveu um romance. Os intelectuais modernos da periferia têm suas vantagens: não podem não saber sobre George Steiner, mas sabem esse outro que não existe para o cosmopolitismo de andar pela casa dos senhores.

Conheço dois bons exemplos de história das ideias e dos intelectuais modernos que veem sim para além dos cosmopolitismos convencionais: *Lethe: Kunst und Kritik des Vergessens* (1997) de Harald Weinrich e *In 1926: living on the edge of time* de Hans Ulrich Gumbrech (1998); o primeiro é resultado de perguntas e visões clássicas de pensador e filólogo; o segundo é resultado da mesma tradição filológica alemã, mas impulsionada pelas modas acadêmicas norte-americanas da década de 1990. Seguramente uma análise subalterna do primeiro delataria imperialismo e falta de cultura popular, mas o livro é capaz de tomar uma ideia, "o esquecimento", e tratá-la da mesma forma em Cervantes e em Goethe, em Borges e em Celan. E *In 1926* está cheio de reviravoltas retóricas dessas que se faziam em Stanford na década de 1990, mas não conheço outro livro que possa falar simultaneamente, com lucidez e ironia, de Lorca, Machado, Machado de Assis, São Paulo 1922, Breton, Kafka, samba, tango, boleros, toureiros, Schoenberg. O certo é que há poucos modelos de como escrever a história das ideias e dos intelectuais modernos para além dos cosmopolitismos de andar em casa.

8

Extensivamente e em outro lugar já disse o que creio da América Latina como unidade de análise. É um conceito assaz recente, esquivo, mentiroso, nunca de todo imunizado de suas conotações raciais; um termo, com certeza, que mudou de conteúdos — foi eco de imperialismo francês antiamericano, depois hispanismo tal como em Rodo ou Vasconcelos, depois anti-imperialismo cubanófilo na década de 1960, e depois a imolação coletiva das veias abertas da América Latina. Mas é uma imagem em negativo: América Latina é tudo o que os Estados Unidos não é, e ao revés. Também é o quase êxito, o fracasso coletivo, da semi-Europa, uma forma de ao mesmo tempo declarar existentes mas incumpridas as grandes promessas do mundo moderno — progresso, industrialização, mecanização, urbanização, civilização. Nada disso se dá por cumprido na chamada América Latina, por isso é uma e é latina, mas em sua personificação de tal fracasso afirma a existência dessas promessas de uma maneira que não faz, numa palavra, a ideia de África.

Tenho para mim que a América Latina como unidade de análise do passado das ideias e dos intelectuais só serve como autobiografia; ou seja, para estudar o como e o quando se apropriam do baixo calão médio francês gentes tão dissemelhantes, em realidades tão diversificadas, como Rodo em Montevidéu em 1900, Vasconcelos no Brasil e na Argentina em 1922, Waldo Frank em Nova York ou Buenos Aires em 1930, ou Leopoldo Zea (na Cidade do México) e Richard Morse entre New Heaven e São Paulo na década de 1960. Não dá nem deu para muito mais que isso, ainda que pareça que a América Latina é uma categoria de análise histórica tão natural e evidente como os rios e as montanhas. Este é o ponto: o que deve ser esperado de uma nova ou renovada história comparativa, anacional, atlântica, transatlântica ou transnacional é que nos libere não só do grande aperto da nação como também da asfixia destas ideias fixas (América Latina) baseadas em um suspeitoso entendimento do que é uma "história comum, compartilhada".

Não quero me deter muito nisto, mas o que for que tenham em comum as histórias agrupadas no ajuntamento América Latina é, por um lado, comum a muitas outras histórias não incluídas no latino de América e na realidade não compartilhado pela maioria das histórias incluídas no genérico América Latina. Ou seja, há muito mais em comum e importante, histórica, humanamente, ontem e hoje, entre México, Estados Unidos, Caribe e América Central do que o que pode ser encontrado entre México, Brasil e Argentina. Não falo de amor, falo precisamente do contrário, de ódio, de guerra, das contradições, a saber, da história em comum. O Caribe, a costa colombiana e venezuelana, o sul dos Estados Unidos e o Brasil, por sua parte, compartilham uma história mais definitória que a mítica ideia de América Latina.

Mais ainda, a ideia de América Latina pouco existe na "América Latina", só às vezes, segundo quem e quando. No Chile muito poucos estudam outra coisa que a história do Chile. No México, ninguém estuda a história dos Estados Unidos, mas não porque se dediquem à história da América Latina; estudam o México pura e simplesmente. Embora na década de 1970, devido aos exílios sul-americanos no México, parecia que a América Latina existia no México, durou o encanto o que duraram os exílios e o *sex appeal* revolucionário de Fidel Castro. América Latina ou Latino-América na realidade sempre foram pronunciadas: Amérique Latine e Latin America; o inglês e o francês constituem a semântica na qual o termo se sente à vontade.

Não há muito tempo, as celebrações bicentenárias de 1810 e de 1812 fizeram que os historiadores voltassem a falar em alta voz de América Latina. Foram publicados inumeráveis volumes comparativos dos processos de independência, de La Pepa, da constituição de Cádis de 1812, em Buenos Aires ou em San Juan Chamula. E ainda nesta febre bicentenária a categoria América Latina se sustentava mais de ignorância e da inércia de não reparar nas evidências do que de algo assim como uma história comum. O caso brasileiro parecia anátema de todos os demais, pouco se falou desse caso embora enchessem a boca de América Latina; e ninguém quis reparar no Canadá ou no pleito entre monarquia e república em 1812, ano de La Pepa; que era o mesmo que se daria no México em meados do século XIX, que permaneceu latente no Brasil ao longo de todo o século XIX. Por outro lado, coisas tão alheias à América Latina como os foros bascos, navarros ao longo do século XVIII, e os catalães até 1714, eram parte da história de 1810 ou 1812 no México ou Buenos Aires: autonomia, foros, privilégios. *So much for the idea of Latin America.*

Eu creio que o tema de nossos relatos deveria definir a América Latina de que falamos, se é que dela falamos *at all*. Nem mesmo em questões do imperialismo norte-americano o termo me convence. Porque assumir, como Greg Grandin, que os Estados Unidos que atuaram ao longo dos séculos XIX e XX na América Central, México até 1914 e no Caribe são os mesmos que atuaram no Brasil ou na Argentina é um contrassenso. Claro, era imperialismo, sim, mas, se tudo é igual, pois então viva o anti-imperialismo latino-americano e que o último apague a luz da inteligência. Assumindo essa categoria de América Latina como laboratório do imperialismo *yankee* não se entende nem Estados Unidos nem a história do resto do continente. Sobretudo, não se entende em termos de ideias e de intelectuais. Um Martí tem sentido no entrelaçado de México, Estados Unidos e Cuba, não mais. E o antiamericanismo de Eduardo Prado só tem sentido entre Brasil e Estados Unidos — nenhum "latino-americano" era antiamericano em defesa da monarquia na década de 1890. E não é o mesmo o que puderam e quiseram fazer os imperialistas norte-americanos em Cuba ou na Nicarágua, no México ou no Brasil. Brasil e México puderam consolidar-se ao longo do século XX como potências regionais meia-boca, com e apesar do imperialismo *yankee*, para defender seus interesses, como os do Brasil no Paraguai ou no Uruguai ou hoje no Cone Sul e China. México até há muito pouco tempo serviu de potência intermediária entre o imperialismo *yankee* e o Caribe e América Central, não por servil aos Estados Unidos, mas por seus próprios interesses. Quando pomos isto sob o ramo "América Latina" tudo se achata, se torna planície de um mesmo imperialismo, um igual vitimismo e simplismo histórico.

O mesmo pode ser dito dos Estados Unidos, cuja história das ideias e dos intelectuais também se vê achatada pelo filtro América Latina. Nem Prescott nem Tignor cabem em visões do imperialismo norte-americano, embora se pudesse dizer que são exceções. Não se pode dizer o mesmo do fato de que entre 1898 e 1980 os intelectuais anti-imperialistas mais importantes do continente americano não foram nem têm sido "latino--americanos", mas *Americans*: Williams James e sua campanha a favor dos Washington filipinos, Frank Tannenbaum e Ernest Gruenning e seu apoio à Revolução Mexicana, Waldo Frank e seu misticismo hispanista continental, C. Wright Mills e a revolução cubana, Noam Chomsky e as revoluções centro-americanas, Greg Granding, Florencia Mallon e Steve Stern que seguem como intelectuais anti-imperialistas e são, fiquem sabendo, norte-americanos. Todos eles, por um lado, são a continuação desse enraizado pessimismo norte-americano, a antijeremiada (Bercovich): *"the demarcation of all ideal, seacred and secular, on the grounds that America is a lie"*. Do outro lado, são a afirmação mais honesta, clara, de sua crença no que a América deveria representar e não representa: igualdade, democracia. O uso de "América Latina" apaga estes detalhezinhos que, me parece, é o que teria de ser contado.

América Latina significa uma história compartilhada, sim, tanto ou menos que a compartilhada entre Estados Unidos e México, ou entre Brasil, Portugal, África e Inglaterra. América Latina não só cria um falso sentido de identidade histórica, como a mera falsidade da necessidade de uma identidade histórica, ontologicamente diferente dos Estados Unidos e Canadá. É preciso fugir do transnacional em chave latino-americana. Tudo depende do tema, da época que se estuda. E em termos de ideias e intelectuais, se se trata de raça na primeira metade do século XX, por exemplo, as coordenadas são toda a chamada América Latina, mas sem os Estados Unidos não tem nenhum sentido, nem em termos empíricos, nem em termos da história da antropologia, da etnologia, da medicina, das teorias racistas. Por exemplo, ao tratar da fascinação mexicana pelo Japão e a Índia entre 1880 e 1930, encontrei que os intermediários eram sempre Estados Unidos, Inglaterra e França, pelas traduções e por tudo o que podem imaginar. Mas a chave do daninho do termo América Latina é dada pelas leituras do manuscrito que enviei, em inglês, a uma editora norte-americana de prestígio acadêmico: me responderam os *referees* que por que em um livro sobre esses temas não aparecia Frida Kahlo, que o meu não era América Latina, que não utilizava ou que queria suplantar Walter Mignolo, que falava de falsos intelectuais europeizantes que imitavam os orientalistas europeus e que onde estava meu Edward Said. Porque se se fala do consumo de Tagore no México ou Brasil, as coordenadas não são Tagore e o nacionalismo Bengal, ou Tagore na Argentina, em traduções para o inglês, não são o espanhol Juan Ramón Jiménez e as traduções de sua mulher Zenobia, não são Plácido Barbosa no Brasil, mas uma acachapante e mítica realidade latino-americana e, claro, o filtro obrigatório: Said — porque está em inglês, porque é o que acontece nas universidades norte-americanas.

Tenho para mim que América Latina, como conceito, como ideia, como disciplina acadêmica, como escritório de governo ou de ONG ou de banco, se escreve em inglês, um inglês barroco, que nacionalizou (à nação *American university campus*) uma mínima parte da tradição ensaística em espanhol e português (embriagam-se com umas poucas traduções: Roberto Schwartz, Lilia Schwarcz, Carlos Monsiváis, Ángel Rama, Beatriz Sarlo), fazendo que, sem dever nem temer, esses intelectuais mexicanos, brasileiros ou uruguaios acabem como pais fundadores dos *Latin American Cultural Studies*, *subaltern studies*, *post-colonial studies*. Se não acredita em mim que mais que nunca América Latina é para ser falada em inglês, trate de pronunciar em espanhol ou em português esta gauchada em inglês de Walter Mignolo (*The idea of Latin America*):

The narrative and argument of this book, then, will not be about an entity called "Latin America," but on how the "idea" of Latin America came about. One of the main goals is to uncouple the name of the subcontinent from the cartographic image we all have of it. It is an excavation of the imperial/ colonial foundation of the "idea" of Latin America that will help us unravel the geo-politics of knowledge from the perspective of coloniality, the untold and unrecognized historical counterpart of modernity. By "perspective of coloniality" in this case, I mean that the center of observation will be grounded in the colonial history that shaped the idea of the Americas. I refer to the process as an excavation rather than an archeology because it is impossible to simply uncover coloniality, insofar as it shapes and is shaped by the processes of modernity. After all, the Americas exist today only as a consequence of European colonial expansion and the narrative of that expansion from the European perspective, the perspective of modernity.

9

Se temos de historiar ideias e intelectuais, se América Latina tem de ter algum sentido, é preciso falá-la, quer dizer, é preciso recuperar unidades de análise que sempre estiveram aí, mais além e mais aquém de América Latina. Refiro-me às línguas.

Nas Américas trata-se em essência de três grandes rios que levam em seus leitos as circunstâncias, os conflitos, os nomes, as realidades nomeadas: inglês, espanhol e português. Claro, como tais não respeitam os confins convencionais da América Latina, incluem um mundo maior ou menor. Envolvem diferentes consumos e divergências com outros importantes leitos (o latim, o alemão, o italiano, o sânscrito e inumeráveis línguas nativas da península e da América). Podemos nos imaginar o mais ocidentais e europeus que queiramos e ver em Borges um intelectual do mundo das ideias universais, mas dom Jorge Luis só adquire sentido em sua maneira argentina de ensaiar a língua que possuía e o possuía, na poesia, com todos os seus ecos de vozes locais, na literatura e na filosofia em inglês antigo ou no "Idioma de Buenos Aires". Ou podemos nos pôr o indigenista que queiramos, mas os quipus são ilegíveis a nossos olhos ou aos de um professor rural aimará, e a literatura em náuatle ou quéchua só é acessível através do filtro do castelhano, que possui, e é possuída por, quase a maioria dos falantes de náuatle e quéchua do continente. Que isto é "colonialidade", sim. Também é a única forma de existência cultural em todos os sentidos para os intelectuais do continente. O espanhol, o inglês, o francês, o português não são armatostes impostos e manipuláveis pelos intelectuais: são pura e simplesmente tudo o que eles são: seja o índio Altamirano ou o genial mulato Machado de Assis, sejam o poeta marginal da Europa Antero de Quental ou Rizal nas Filipinas, sejam luminares como Faulkner (monolíngue, além de tudo) ou Haroldo de Campos (que falava mais línguas que a maioria dos intelectuais norte-americanos). Quando muito são uma centena os Conrads, os Novokovs, os Pessoas, os Semprums que foram o que foram em mais de uma língua.

Dada a relação ontológica entre ideias, intelectuais e língua, a linguagem mesma oferece uma unidade de análise natural. Mostraram-no as boas histórias mais ou menos tradicionais das ideias políticas do México, por exemplo. Justo Sierra e seu universo linguístico que incluía, claro, o impacto de seu pai escritor iucatego, os liberais mexicanos, o catolicismo social mexicano e o francês, com traduções de Darwin ou Spencer para essa língua, Emilio Castelar, Joaquín Costa e a restauração espanhola ou Emerson. Porque a linguagem como unidade de análise não significa cegueira ante qualquer outra língua. Implica, claro, certo afã filológico: ter um pé nos remoinhos e depressões do rio de uma língua em um espaço-tempo determinado — Boston de 1870, Buenos Aires de fins do século XIX, São Paulo da década de 1920. E com um pé nesse eixo mover-se para atrás e para adiante temporalmente, e para dentro e para fora geográfica (outras cidades) e linguisticamente (outras línguas), segundo marque o universo linguístico que analisamos. Assim, a unidade de análise é a nação e não é, mas tampouco é América Latina, embora falemos de Darío e Rodo, porque o que são ambos sem o francês? Pode ser Edmundo O'Gorman e sua visão hermenêutica da história, seu estilo de fazer da história um juízo legal (advogado, ao fim e ao cabo), seu conhecimento do mundo de fala inglesa (só faltava o irlandês), seu manejo do melhor dos mexicanos que se escreveu em prosa histórica, mas é também Espanha porque é Alemanha, é Heidegger via José Gaos, quer dizer, via Ortega e o grande momento intelectual espanhol que floresceu em torno da segunda república.

As linguagens como eixos de análise, pois rompem os parâmetros convencionais de comparação. O fluir das línguas não respeita nem nações, nem conceitos tais como América Latina, nem o cosmopolitismo de andar em casa. Também é uma maneira de adquirir passaporte de livre trânsito nessa sacrossanta divisão entre o elitista e o popular. Se alguém se põe a estudar as ideias e os intelectuais da Cidade do México em 1900 ou 1920, como não notar a arremetida da vivíssima língua popular em constante mudança em personagens como Micrós ou Salvador Novo? Não é que se faça história das ideias e dos intelectuais populares, é que em termos de linguagem só se pode manter a separação elite-popular se não for movido o micróbio. Em um determinado dia, mês, ano, uma língua é claramente popular e outra cristalinamente elitista, mas não estão mortas, estão em contante e promíscua transformação. O que Faulkner escreveu como literatura merecedora de prêmio Nobel em 1949 era uma sofisticada captura da linguagem sulista que, numa palavra, em 1920 teria sido uma vulgaridade total. E os boleros que a compositora mexicana Maria Greaver compôs em Nova York, cantados pelas massas das cidades mexicanas — via a rádio que fazia que as massas se amem e desamem ao ritmo de "*Júrame que aunque pasen muchos años... quiéreme, quiéreme hasta la locura*" [Jure que ainda que passem muitos anos... tu me queres, me queres até a loucura] —, esses boleros, dizia, eram afetações na década de 1930. Foram, contudo, linguagem culta modernista em Nervo ou Darío em fins do século XIX. Nenhum cacique indígena no século XVIII falava de repúblicas e de representação liberal, mas sim de Israel e de seus foros. Para a década de 1860, vários caciques indígenas mexicanos falavam de liberalismo.

A linguagem como unidade de análise tem outra vantagem, parecida àquela que a nação oferecia e que não conhece a ideia de América Latina em inglês. Quero dizer, a possibilidade de dialogar com o passado, de entrar, ser parte desse fluxo cultural que é uma língua. Capistrano de Abreu, Sarmiento ou Vicente Riva Palacio sabiam que faziam algo mais que história; faziam pátrias. Isso os tornava parte da história que contavam. Estudar as ideias e os intelectuais modernos na Espanha ou no México me fez parte mínima dessa história, investigo essa linguagem, a apreendo, me sinto voz e eco disso ao escrever, na mesma língua, ao tratar de articular o que eles apenas suspeitavam ou ao descobrir que o que posso pensar não vai mais além desse fluir. Porque o ensaio histórico de ideias não é um ensaio com a história, mas a história ensaiando-se. A imaginação histórica muda com a capacidade de dialogar com os mortos. Só a língua produz este milagre; só o sabê-la, senti-la, escrevê-la, ensaiá-la e ser ensaiado por ela. Envolvido em entender os intelectuais do imediato pós-guerra na península, me dei a ler Ortega, os irmãos Machado, Eugeni D'Ors, Gaziel e Josep Pla em catalão e em espanhol. O do catalão é uma história minha que não vem ao caso, mas ler Pla me exigia o constante uso do dicionário, até que consegui habitar esse rico catalão vestido de *pagesía* [camponês] mas que na realidade é uma armação sofisticada da simplicidade pensada em vários idiomas. Porém não menos necessário me foi o dicionário quando quis entender de verdade a deliciosa prosa do professor Mairena, o personagem, mestre de retórica, criado por Antonio Machado. Porque embora o espanhol seja meu idioma, me surpreendo redescobrindo minha língua, falando com ela, dizendo e pensando o que me era impossível com minha carga linguística. O que sai disto? Ainda não sei, mas o que sair será meu diálogo com essas línguas.

As línguas, além disso, oferecem ao historiador a vantagem de uma longa e bem estabelecida autoconsciência delas mesmas. Cada língua, cada consumo de cada idioma, criou sua autobiografia. Aqui adquirem soberana presença os filólogos e folcloristas do século XIX e da primeira parte do século XX. No inglês dos Estados Unidos, Daniel Webster na primeira metade do século XIX ou H. L. Mencken na primeira do XX balisam a autoconsciência da evolução do inglês americano; anatomia do que o desaparecido Kenth Cemil chamou "*Democratic eloquence*", unida ao, e em disputa com, aristocrático e classista inglês britânico, em choque e diálogo contínuo, como mostraram Mencken e muitos outros, com o iídiche, o espanhol, o alemão, o francês e muitas línguas indígenas locais. Em espanhol, o momento logofílico é na verdade memorável: vai do resgate e estudo das línguas indígenas em todo o continente (por exemplo, Francisco Pimentel) às comunidades interconectadas de caçadores de palavras do longo e amplo, não da "América

Latina", mas do mundo de fala espanhola — que incluía, com certeza, Estados Unidos, Espanha e comunidades sefarditas no Oriente Médio. Falo de logofílicos mexicanos, colombianos, espanhóis, catalães, novo-mexicanos, venezuelanos como Andrés Bello, Rubino José Cuervo ou García Icazbalceta; ou Julio Cejador y Frauca, Manuel Milá i Fontanals, Marcelino Menéndez Pelayo, Pedro Henríquez Ureña ou Alberto Espinoza ou Borges; ou a última fornada destes anatomistas do que falamos: Joan Coromines, Pedro Salinas, Raimundo e María Rosa Lida, Américo Castro ou Antonio Alatorre. Em português, o enigma não é menor que em castelhano ou em inglês: desde a busca do romanceiro português (Almeida Garrett ou José Leite de Vasconcelos) às discussões sobre a reforma da língua e a importância da língua geral no Brasil (que incluíram ora Pessoa ora Sergio Buarque de Hollanda).

Esta autoconsciência da língua não se reduz às discussões estritamente filológicas. Os historiadores do direito e das ideias vão pouco a pouco desentranhando as muitas discussões do século XIX — em debates constitucionais, em revistas literárias e políticas — sobre o significado que nas distintas línguas tinham palavras como nação ou *nation*, aplicada de distinta maneira às "*Indian nations*" da região dos grandes lagos, ou à ideia de México ou Estados Unidos; ou os debates sobre o significado de vizinhança, súdito e cidadania entre Espanha e Nova Espanha (Borah, Herzog, Guerra, Portillo Valdés), ou a importância de termos como soberania, pátria, potência, foros na legislação espanhola, brasileira, portuguesa e indígena (Elías Palti, Portillo Valdés, Manuel Hespanha, Josep María Fradera). Vai se desvelando uma autoconsciência da linguagem política, o que queriam dizer quando diziam pátria ou povo, e essa autoconsciência habita nos domínios das distintas línguas, não só dos países. Transnacionalidade ou anacionalidade por *default*.

Se isto que proponho é inovador ou se equivaleria a uma *Begriffsgeschichte*, não sei. Não importa. De fato, a própria escola alemã de história conceitual não é mais do que uma deriva do antigo acento filológico das humanidades em alemão. Mas não queria subscrever de todo uma ou outra escola quando resulta óbvio que, se as línguas são o domínio das ideias e dos intelectuais, é inevitável ir atrás da história dos conceitos, de uma forma ou de outra. O importante seria não limitar a busca da autoconsciência política da língua. Cada maneira de falar politicamente é inseparável do falar literário, da autoconsciência poética de cada língua, da peculiar história da eloquência local e global de uma língua. Wolf Lepennies, por exemplo, mostrou que as ideias sociológicas, em francês, inglês e alemão, eram parte de uma eloquência maior que inclui poesia e literatura em geral, que é claro que são os poetas os possuidores da autoconsciência dos poderes e limites de uma língua.

Depois de quatro décadas da "virada linguística", da *New Cultural History*, de história cultural do social, de *cultural studies*, de obsessão com a memória e as representações, talvez seja tempo de já separar nossas perdas e aproveitar nossos ganhos. Ou seja, é preciso voltar às linguagens como eixo de análise, porém desta vez carregados com a inspiração etnográfica, poética, epistemológica e política que resumimos nas últimas décadas. Ninguém pode voltar ao passado da linguagem com uma mera inocência filológica ou com uma neutralidade moral ou política ou com um desdém do estilo e da poética depois dos anos que levamos de Foucault, Chartier, Geertz, de Certeau, White, Skinner, Poccock, Kosseleck, Benjamin em originais e traduções, ou de nossas musas locais (O'Gorman, Luis González, Gabriel Zaid, Enrique Florescano, Beatriz Sarlo, Adrián Gorelick, Nicolau Sevcenko, Lilia Schwarcz, José Murilo de Carvalho, Antonio Candido, Eduardo Giannetti). Voltar ao eixo da linguagem com mau humor, *as it were*, com imaginação e desencanto epistemológico e político, promete histórias menos nacionalistas, com ecos para o local e o global; histórias que deem bons "bambúrrios" acadêmicos e fama na língua franca, o inglês, mas, sobretudo, que signifiquem a continuidade cultural, o diálogo sempre em marcha, que é cada língua.

Por isso, creio, as línguas como eixos de análise de ideias e intelectuais por necessidade incluem ideias que não são textos, intelectuais que são pintores ou escultores ou arquitetos ou falantes anônimos. Mas considerar as ideias de um edifício, de uma pintura, de um monumento, de uma toada popular obriga a não tirá-las do leito de significação a que pertencem. A estranha mas inegável relação entre literatura e pintura é um exemplo de como uma paisagem do século XIX não pode ser lida nem da maneira tradicional como eu mesmo tendia a fazê-lo como historiador das ideias (a paisagem como simples exemplo de representação das ideias encontradas em cartas, textos, discussões em revistas e periódicos). Tampouco pode ser considerada uma paisagem só como claros-escuros autocontidos em uma história hermenêutica da arte que considera toda moda teórica acadêmica mas não se atreve a ler os periódicos de época.

Finalmente, creio que hoje a historiografia cultural (em quase todas as línguas, mas sobretudo em inglês) acabou por transformar a virada linguística e a crítica ao poder em três ou quatro obsessões nas quais é difícil não cair, se não em um nacionalismo à maneira das histórias pátrias, sim em histórias de enteléquias aparentemente históricas, mas que são morais. Refiro-me a temas como memória, identidade, a bondade de todo subalterno pelo mero fato de ser subalterno, ou a reivindicação moral e política dos outrora imorais. A memória das vítimas do passado, lida em cartas, entrevistas, romances, poesia ou testemunhos judiciais, torna-se uma verdade empírica e moral de uma contundência que não nos atreveríamos a sustentar de uma ideia política ou artística. A memória mesma às vezes é proposta como alternativa à história escrita, que é, já sabemos, falsa, a dos vencedores, como se a memória não fosse ela toda uma batalha pessoal e social, cambiante, reveladora e mentirosa, tanto como a história. De uma noção da memória, tão transnacional como o holocausto, temos derivado um sem-número de memórias que não têm nada de transnacional ou anacional, a não ser a boa reputação da memória mesma. Como David Shulman ou A. Os mostraram para Israel, ou Peter Novick para os Estados Unidos, a própria memória do holocausto foi nacionalizada em grandes projetos nacionais e identitários. Com frequência essas histórias das memórias acabam em discursos identitários que se parecem muito com os orgulhos nacionalistas. Ao mesmo tempo, a história cultural dos excluídos e oprimidos frequentemente caiu em um paroquiano absolutismo moral que não respeita a natureza contraditória das evidências. Reivindicar o papel histórico dos indígenas mexicanos no século XIX não deveria significar roubar dos indígenas o direito de ter sido, dependendo de quando, filhos da puta como os outros, nada democráticos, se fosse possível, safados quando era conveniente e agressores de suas mulheres quando necessário, em sua visão. Criticar os projetos liberais de cidadania excludente de indígenas não tem por que implicar entregar aos indígenas o monopólio dos valores que só importam ao historiador (a democracia, a justiça, a autêntica nação). Do mesmo modo, o estudo de documentos em línguas indígenas não pode ser uma caçada de um intraduzível e alternativo Weltanschauung — que geralmente afirma o que o historiador entende por mundo feliz. Os documentos em náuatle ou em quéchua são isso, documentos, papel, letra, tinta, exercida e mantida por cristãos do Novo Mundo que são diferentes dos espanhóis ou dos índios de outras terras, mas que não são ontologicamente "o outro", por isso são legíveis e processáveis no fluir contraditório de várias línguas, vários leitos culturais (náuatle, quéchua, espanhol, latim).

Em suma, escrever o passado das ideias e dos intelectuais para defender identidades ou monopólios da verdade moral ou política me parece um exercício se não errado de todo, aborrecido, bastante predizível, mas cada qual com seus temas.

Fim

E, depois de tudo, o que tem a ver a história das ideias e dos intelectuais, vista nacional ou anacionalmente, com a dura realidade histórica, a fome, o poder, a guerra, a pobreza, a injustiça, o ódio ou o amor? Em defesa de meus etéreos temas, eu não chamaria como testemunhos nem a realidade efetiva nem a verdade absoluta, nem a justiça póstuma; não em especial diante de um tribunal de economistas ou sociólogos ou *indignats de tota mena* [indignados de todo tipo] à catalã ou defensores de sua identidade ou filósofos do desassossego. Não há o que fazer: eles sempre ganham e ganharão com distintas doses de inquestionáveis sentidos comuns. É quase impossível justificar a utilidade social ou real do historiador das ideias e dos intelectuais; é o ofício da inutilidade cujo único benefício é estar aí para contar e explicar todas as outras inutilidades; porque cedo ou tarde os realismos e argumentos dos dedicados ao "importante" acabam por se fazer passado, por se tornar as ideias de ontem dos intelectuais mortos. Ou seja, nossa matéria, dos historiadores do inútil. Com certeza, em um excesso de vaidade, alguém também espera que nossos relatos de ideias e de intelectuais do passado afetem as ideias, as realidades do presente. Mas isso é megalomania onanista de um ofício já bem solitário.

CAPÍTULO 3

O problema de "As ideias fora do lugar" revisitado: para além da "história das ideias na América Latina"*

Elías J. Palti
UBA/UNQ/Conicet

EM 1973, Roberto Schwarz publicou um artigo que marcou profundamente uma geração de pensadores na América Latina: "As ideias fora do lugar".[1] O objetivo final de Schwarz era refutar a crença nacionalista de que bastava aos latino-americanos se livrarem dos seus "trajes estrangeiros", um conjunto de categorias e ideias importadas da Europa e repetidas submissamente pela elite local europeizada, para encontrarem a sua "essência verdadeira, interior".[2] Seguindo os princípios da teoria da dependência, Schwarz sustenta que não existe algo como uma "cultura brasileira nacional" anterior à cultura ocidental. Aquela é não apenas o resultado da expansão desta, mas também constitui parte integral dela: "em estética, como em política", ele afirmou, "o Terceiro Mundo é parte orgânica da cena contemporânea" (Schwarz, 1997:28).

Se é verdade que a adoção de conceitos estrangeiros gera sérias distorções, o ponto, para Schwarz, é que distorcer conceitualmente sua

---

* O presente texto é uma versão abreviada de um artigo originalmente publicado como "The problem of 'misplaced ideas' revisited. Beyond the history of ideas in Latin America" (*Journal of the History of Ideas*, v. 67, n. 1, p. 149-179, 2006), ao qual eu adicionei um apêndice no qual discuto a recente reelaboração de Roberto Schwarz do tópico. Agradeço aos editores do JHI por sua permissão para republicar parcialmente o artigo, e a João Marcelo Ehlert Maia, Claudio Costa Pinheiro e aos membros da equipe do Laboratório do Pensamento Social da Fundação Getulio Vargas por seu generoso convite para participar do Congresso no qual este texto foi apresentado e por me dar a chance de publicá-lo em português. Tradução de Chantal Castelli.
[1] Schwarz (1973). Republicado em Schwarz (1992d:19-32). Para um apanhado da recepção ao artigo e dos debates que gerou, ver Carvalho (2000:123-152).
[2] "Em 1964", ele afirmou mais adiante, "as duas vertentes nacionalistas [a direita e a esquerda] coincidiam: esperavam achar o que buscavam através da eliminação do que não é nativo. O resíduo seria a substância autêntica do país" (Schwarz, 1992b:4).

realidade não é algo que os latino-americanos possam evitar. Ao contrário, é precisamente nessas distorções, em sempre designar a realidade local por nomes impróprios, que a especificidade da cultura brasileira e, de fato, latino-americana reside. "Eles [os brasileiros] são reconhecivelmente brasileiros", ele afirma, "em sua distorção particular" (Schwarz, 1992d:25).

Essa ideia mantém, na verdade, uma relação ambígua com os postulados da teoria da dependência, sobre os quais foi fundada: é perfeitamente compatível com eles, mas não sua consequência necessária. Imediatamente após a publicação do artigo "As ideias fora do lugar", a revista *Cadernos de Debate* publicou um trabalho de Maria Sylvia de Carvalho Franco cujo próprio título é indicativo do seu conteúdo: "As ideias estão no lugar" (Franco, 1976: 61-64). Partindo também das premissas da teoria da dependência, Franco recusou sistematicamente não apenas a ideia de que a escravidão era incompatível com a expansão capitalista, mas também a noção de que as ideias liberais estavam "mal ajustadas" ao Brasil do século XIX.[3] Para Franco, as ideias liberais não eram nem mais nem menos estrangeiras do que as correntes escravocratas. Assim como a busca de lucro capitalista e as formas de produção escravocrata, as atitudes burguesas individualistas e o clientelismo estavam tão intimamente imbricados no Brasil que se tornaram praticamente indissociáveis.[4] Conforme ela afirma, com o conceito de "ideias fora do lugar", Schwarz acabou de fato incorrendo no tipo de dualismo que pretendia contestar, a saber, o postulado da existência de "dois brasis". Ao Brasil "artificial" das ideias e da política (liberal), Schwarz oporia um Brasil "verdadeiro", social (escravocrata).

No limite, a discordância de Franco acabou levantando uma questão metodológica mais ampla. As ideias, para ela, nunca estiveram "fora do lugar", pelo simples fato de que, se conseguem circular em um determinado meio social, é porque servem ali a algum propósito, ou seja, porque existem ali condições para sua recepção. A oposição entre

---

[3] Franco (1997). Originalmente publicado em 1969.
[4] "Em meus breves comentários sobre a origem e sentido prático do *favor*", afirma Carvalho Franco a respeito de seu trabalho acima mencionado, "tentei mostrar como as ideias burguesas eram um de seus pilares — igualdade formal —; o *favor* não "entra" no Brasil, por assim dizer, a partir de fora, mas *emerge* no processo de constituição das relações de mercado, ao qual é inerente" (Franco, 1976:63).

"ideias" e "realidades" sobre a qual a teoria de Schwarz repousa seria, portanto, falsa; os dois termos nunca chegam a ser completamente estranhos entre si.

A esta altura, devemos considerar o fato de que as formulações de Schwarz contêm algo de paradoxal: a expressão "ideias fora do lugar" não é, na verdade, completamente coerente com o argumento que pretende descrever. O objetivo original de Schwarz era, precisamente, rejeitar aquele tópico. De fato, conforme ele demonstrou, a acusação de "irrealismo político", de que certas ideias estavam "fora do lugar" na América Latina, era um meio fácil de desqualificar os argumentos do adversário. Tomado literalmente, o argumento é insustentável: obviamente, ninguém poderia jamais ignorar o fato de que, por exemplo, determinados tipos de constituições não são igualmente viáveis em todos os lugares e épocas. A controvérsia surgiu no momento de se determinar o que, em cada caso, estava "fora do lugar", e em que sentido; e, como era de se esperar, as ideias fora do lugar eram, em todos os casos, *as dos outros*. Além disso, havia implicações reacionárias: tipicamente, "irrealistas" foram sempre aqueles que defenderam as ideias mais progressistas da sua época. Conforme afirma Schwarz, "quando os nacionalistas de direita em 64 denunciavam como alienígena o marxismo talvez imaginassem que o fascismo fosse invenção brasileira" (Schwarz, 1992b:4). A propagação do argumento é, no limite, incompreensível se isolado das funções ideológicas que exerceu.

Isso também explica a reação de Franco: com essa fórmula, Schwarz emprestaria credibilidade às afirmações de que as ideias marxistas (assim como as liberais no século XIX) eram alienígenas à realidade brasileira, importações exóticas que estavam, afinal, "fora do lugar" no Brasil. Schwarz recairia claramente no mesmo tópico, com as potenciais consequências reacionárias que ele sempre implicou. Para Franco, a tentativa mesma de se determinar quais ideias estão ou não "fora do lugar" é absurda. Para ela, tanto as ideias liberais como as pró-escravidão, as marxistas como as fascistas, estavam, naquele país, "no lugar". Como vemos, sua crítica é certamente justificada; ainda assim, ela perde de vista o cerne do argumento de Schwarz.

Para Schwarz, não se tratava de discutir quais ideias estavam ou não "fora do lugar", visto que, conforme ele afirmou, todas elas estavam fora do lugar. Tanto as ideias fascistas como as marxistas, as liberais como as pró-escravidão eram "importadas", alienígenas à realidade brasileira. O ponto central de sua crítica de Silvio Romero — o melhor representante da visão romântico-nacionalista em literatura — reside precisamente em denunciar a ilusão de que desajustes ideológicos podiam ser evitados na região. Romero, ele afirma, acreditava tratar-se simplesmente de não mais copiar, de modo que "desapareceriam como por encanto os mencionados efeitos de 'exotismo'" (Schwarz, 1997b:11). Assim, Romero "faz supor que a imitação seja evitável, aprisionando o leitor num falso problema" (Schwarz, 1997b:15).

A visão de Schwarz é, portanto, mais sensível às peculiaridades resultantes do caráter periférico da cultura local, as quais, na perspectiva de Franco, parecem dissolver-se na ideia da unidade da cultura ocidental. Ainda assim, ela não resolve a questão original sobre os supostos desajustes das ideias marxistas no Brasil — o fato de que as ideias fascistas não estão menos desajustadas parece uma mera consolação.[5] Em tese, a posição de Schwarz leva ao ceticismo quanto à viabilidade de qualquer projeto emancipatório na região. Os problemas que uma questão dessa natureza lhe apresenta podem ser observados no seu "Respostas a *Movimento*" (1976).

Provocado pelo entrevistador a responder se "uma leitura ingênua de seu ensaio 'As ideias fora do lugar' não poderia concluir que toda ideologia, inclusive as libertárias, seria uma ideia fora do lugar em países periféricos", Schwarz afirma:

> Ideias estão no lugar quando representam abstrações do processo a que se referem, e é uma fatalidade de nossa dependência cultural que estejamos sempre interpretando a nossa realidade com sistemas conceituais criados noutra parte, a partir de outros processos sociais. Neste sentido, as próprias ideologias libertárias são com frequência uma ideia fora do lugar, e só deixam de sê-lo quando se reconstroem a partir de contradições locais. (Schwarz, 1992a:39)

---

[5] Aqui podemos ouvir os ecos dos debates na Rússia em 1905 a respeito das possibilidades do socialismo na periferia do capitalismo.

Tanto a pergunta quanto a resposta são profundamente significativas. De fato, o entrevistador chama a atenção para a consequência paradoxal da teoria de Schwarz, apontada acima: suas afinidades com a visão nacionalista que, em tese, levam à condenação das ideias marxistas do autor como "alienígenas" à realidade local. Sua resposta esclarece a questão, mas levanta uma nova aporia. Conforme podemos inferir, nem *todas* as ideias na América Latina estão, sempre e irremediavelmente, fora do lugar, como ele afirma em sua crítica a Romero. Ao contrário, ele afirma que elas poderiam ser eventualmente rearticuladas de modo a se encaixarem na realidade local. Tal resposta, além de assinalar uma nova — e sempre problemática — confluência com os nacionalistas, que raramente recusaram a necessidade de "adaptar" as ideias estrangeiras às realidades locais, o leva — desta vez sem saída — a recair no mesmo tópico, a saber, a busca pela distinção entre as ideias que estavam (ou tinham se tornado) ou não bem ajustadas à realidade brasileira. E, como era de se esperar, as ideias desajustadas sempre serão as do outro.[6] Em todo caso, assim, a teoria de Schwarz apenas atualiza o velho dilema antropofágico; ela não oferece nenhuma contribuição original à teoria cultural na região.

Assim reformulada, não é possível abordar a questão das "ideias fora do lugar" sem pressupor a existência de algum tipo de "essência interior", que as ideias "estrangeiras" não seriam capazes de representar adequadamente. Aqui encontramos o que constitui o limite definitivo na teoria de Schwarz. A fórmula das "ideias fora do lugar" leva necessariamente à projeção de um lugar definido como o lugar da *Verdade* (e reduz todo o resto ao nível de mera ideologia). A interpretação de Franco, embora tenda a dissolver o problema da natureza periférica da

---

[6] Aqui devemos lembrar que o tipo de pensamento nacionalista que as forças progressistas tentaram combater naquele momento não era de fato o nacionalismo romântico no estilo de Romero, que era claramente reacionário, mas as tendências nacionalistas-desenvolvimentistas que floresceram nos anos 1950. Estas procuraram fazer do Brasil uma nação capitalista avançada. Schwarz e os teóricos da "dependência" tentaram mostrar, mais precisamente, por que a aplicação de padrões de desenvolvimento de países centrais a regiões periféricas era enganosa. No limite, para ele, as ideias desenvolvimentistas estavam sempre e inevitavelmente fora do lugar na América Latina. Por outro lado, como vemos, isso não seria necessariamente o caso das ideias marxistas, as quais, embora importadas, poderiam eventualmente ajustar--se à realidade local.

cultura local, torna mais evidente o caráter eminentemente *político* das atribuições de "alteridade" a determinadas ideias. No fim das contas, Franco expõe o ponto cego sobre o qual a teoria de Schwarz está fundada: o fato de que não se pode determinar quais ideias estão ou não fora do lugar, exceto a partir de uma dada moldura conceitual particular.

As limitações inerentes à história das "ideias"

O paradoxo implícito na fórmula de Schwarz evoluiu, por sua vez, para uma certa tensão entre seu método crítico e suas implicações historiográficas e intelectuais. No decorrer de sua tradução para o âmbito dos discursos conceituais, as sutilezas dos seus *insights* tendem a se perder, colocando a nu as restrições heurísticas do esquema dos "modelos" e "desvios" para a compreensão da evolução errática das ideias na América Latina.

Seguindo esse esquema, a historiografia das ideias na América Latina foi organizada, desde a origem, em torno do objetivo de se identificar as "distorções" produzidas pela transposição, para a região, de ideias liberais que eram supostamente incompatíveis com a herança da cultura e tradições locais.[7] Historiadores das ideias locais convergem, portanto, no postulado de que o resultado do choque, no século XIX, entre um cultura nativa atávica e os princípios universais do liberalismo foi uma espécie de ideologia de compromisso que José Luiz Romero denominou de "conservadora-liberal" (Romero, 1984: cap. V).

Do ponto de vista metodológico, a principal consequência do ponto anterior é que, conforme observou lucidamente Schwarz, as abordagens da "história das ideias" sistemática e necessariamente fracassam em sua tentativa de encontrar algo particular à América Latina. Para postular a existência de uma "peculiaridade latino-americana" qualquer que seja ela, essas abordagens acabam necessariamente por simplificar a história das ideias europeias, atenuando os meandros de seu verdadeiro curso.

---

[7] Nas palavras de um dos mais lúcidos historiadores das ideias, Charles Hale: "A experiência distintiva do liberalismo derivou do fato de que as ideias liberais foram aplicadas em países altamente estratificados, social e racialmente, assim como economicamente subdesenvolvidos, e nos quais a tradição de uma autoridade estatal centralizada estava profundamente enraizada. Em poucas palavras, elas foram aplicadas em um ambiente resistente e hostil" (Hale, 1989:v. 4, p. 368).

No entanto, ainda assim, elas mal conseguem encontrar um modo de descrever as postuladas "idiossincrasias" com "categorias não europeias". Conforme observa Schwarz, é evidente que termos como "conservadorismo", e mesmo a mistura ideológica expressa na fórmula de Romero ("conservadorismo-liberal"), não são categorias menos "abstratas" e "europeias" do que seu oposto "liberalismo". No entanto, ainda é verdade que, na medida em que o consenso geral considere impossível que os pensadores latino-americanos tenham feito qualquer contribuição para a história "universal" das ideias, o único aspecto que poderá justificar o estudo das ideias latino-americanas e torná-las relevantes dentro da moldura dessas abordagens é a expectativa de encontrar "distorções" (como as ideias "se desviaram" de um suposto padrão). Aqui, encontramos a contradição básica das abordagens focadas em "ideias": estas geram uma ansiedade sobre a peculiaridade, que elas mesmas nunca poderão atenuar. Em suma, a "história das ideias" leva a um beco sem saída.

Tendo de postular um objetivo inatingível para as histórias das "ideias", a história intelectual mina seus próprios alicerces. Schwarz é particularmente consciente dessa situação — a simultânea necessidade-
-impossibilidade das distorções na história local das ideias —, mas ele toma como uma característica da história intelectual da América Latina aquilo que é, de fato, um problema inerente à própria forma de abordá-
-la. Se os historiadores das ideias fracassam ao buscarem supostas características que particularizam as ideias no contexto local, isso se deve, em última análise, ao fato de que o tipo de abordagem que utilizam os impede de fazê-lo: visto a partir da perspectiva de seus conteúdos ideológicos, todo sistema de pensamento necessariamente se restringe a um número limitado de alternativas, nenhuma das quais pode pretender ser exclusiva da América Latina. Dentro desse esquema, as ideias de um determinado autor tanto podem ser mais conservadoras que liberais, ou vice-versa, ou encontrar-se em algum ponto médio entre esses dois extremos. Em última análise, quando abordamos o texto exclusivamente no nível das suas proposições-conteúdos, o espectro de possíveis resultados pode ser perfeitamente estabelecido *a priori*; eventuais controvérsias são, assim, limitadas a meramente como categorizá-los.

Os problemas encontrados na historicização das ideias provêm do fato de que "ideias" são "a-históricas" por definição; as condições para sua eventual emergência em contextos específicos denotam circunstâncias exteriores a elas. Daí a tendência, entre os historiadores das ideias, de complementar suas descrições de conteúdos intelectuais com explicações quase-históricas, ou seja, remetendo-as ao seu contexto social, "externo"; tomando, em suma, os supostos "desvios" como indicativos de um "mal--estar social". Ainda assim, conforme notou Pocock, essa forma de "reducionismo contextual" não consegue "resgatar o historiador [das ideias] da circunstância de que os constructos intelectuais que ele tentava controlar não eram de modo algum fenômenos históricos, na medida em que haviam sido construídos por modos não históricos de investigação" (Pocock, 1989:10). Nesse tipo de abordagem, enquanto os "modelos" são construções *a priori*, "culturas locais" aparecem como substrato eterno. O resultado final é uma narração quase-histórica que combina duas abstrações.

Aqui encontramos a limitação fundamental contra a qual a teoria de Schwarz se choca. Se ela não é capaz de explicar as razões epistemológicas para aquela necessidade-impossibilidade das "distorções", é porque ela própria ainda depende das mesmas premissas que determinam aquela impossibilidade-necessidade. A última raiz do problema reside em uma visão linguística grosseira, inerente à "história das ideias", que reduz a linguagem a sua mera dimensão referencial, dando margem à oposição entre "ideias" e "realidade" sobre a qual o problema das "ideias fora do lugar" repousa, o que ocorre apenas no contexto da oposição anterior: tão logo a subvertemos, o problema todo da "cópia" perde o sentido.

Representação e uso das ideias

Conforme vimos, as abordagens tradicionais da história das ideias discutidas até agora representam na verdade uma simplificação do método crítico de Schwarz. Ainda assim, o padrão explicativo tradicional do qual dependem — o esquema dos "modelos" e "desvios" — encontra uma base conceitual em sua própria perspectiva original. Essas abordagens estão associadas, conforme afirmamos, a uma perspectiva linguística pobre, que determina a concentração exclusiva nos conteúdos semânticos dos textos, em sua dimensão referencial. Com efeito, a observação de Schwarz sobre o fato de que as ideias na América Latina estão "fora do lugar" por serem descrições inadequadas (representações distorcidas) da realidade local mostra que sua perspectiva ainda depende da base daquele conceito tradicional de "história das ideias", que reduz a linguagem a sua mera função referencial. Entretanto, as questões que ele pretende discutir ultrapassam em muito o âmbito estritamente semântico da linguagem. De fato, se entendida nesse sentido, a fórmula de Schwarz é simplesmente uma *contradictio in adjectio*. A definição de um dado discurso como fora do lugar envolve a referência a sua dimensão pragmática, às condições de sua enunciação. Algumas distinções conceituais nos permitirão esclarecer os problemas que a fórmula das "ideias fora do lugar" de Schwarz levanta.

Se essa fórmula representa uma contradição terminológica, é porque Schwarz funde duas instâncias linguísticas bastante diferentes; ele introduz um fator *pragmático* no interior do nível *semântico* da linguagem, o que necessariamente engendra uma discrepância conceitual: isto o leva a descrever ideias em termos de proposições e seu sentido, atribuindo a elas, ao mesmo tempo, funções relativas ao seu uso. "Ideias" (o nível semântico) envolvem *declarações* (afirmações ou negações sobre o estado do mundo). *Declarações* são descontextualizadas: o conteúdo semântico de uma proposição ("o que é dito") pode ser estabelecido independentemente de seu contexto e modo de enunciação específicos. As considerações contextuais referem-se, antes, à *pragmática* da proposição. Sua unidade é a *enunciação*, não a *declaração*. O que importa em uma enunciação não é o *sentido* [*meaning*], mas a *significação* [*significance*]. Esta, ao contrário daquele, só pode ser estabelecida em conexão com o seu contexto e modo de enunciação. Ela refere-se não apenas a "o que é dito" (o conteúdo semântico das ideias), mas também a *como* é dito, *quem* diz, *onde*, para *quem* etc. O entendimento de sua *significação* [*significance*] acarreta a compreensão de seu *sentido* [*meaning*]; ainda assim, essas duas instâncias possuem naturezas muito distintas. A última pertence à ordem da *langue*, ela descreve acontecimentos ou situações; a anterior pertence à ordem da *parole*, ela implica a realização de uma ação.

No contexto da presente discussão, o ponto crítico é que *declarações* ("ideias") são *verdadeiras* ou *falsas* (representações certas ou erradas da realidade), mas nunca estão "fora do lugar"; apenas as *enunciações* estão. Estar "fora do lugar" é necessariamente uma condição pragmática; ela indica que algo foi dito de modo errado, ou pela pessoa errada, ou em um momento errado etc. Inversamente, enunciações, como tais, podem estar "fora do lugar", mas não podem ser *verdadeiras* ou *falsas* (isto é, "representações distorcidas"). Apenas as declarações admitem tal juízo. Um enunciado pode eventualmente conter uma falsa declaração ("representações distorcidas"), mas é ainda assim "verdadeiro" (real) como tal. Enunciações na verdade erodem a distinção entre "ideias" e "realidades": elas são sempre *atos de fala* "reais", para colocar nas palavras de Austin. Isso explica o paradoxo comentado por Schwarz: o de que uma enunciação contendo declarações erradas (representações distorcidas da realidade) é ainda assim "verdadeira" como tal. Contudo, não se trata de uma peculiaridade brasileira ou latino-americana, mas de uma propriedade inerente à linguagem.

É possível agora resumir a hipótese fundamental deste texto: a definição de um modelo que possa dar conta da problemática dinâmica das ideias na América Latina, na medida em que ela acarreta a consideração da dimensão pragmática da linguagem, não pode ser alcançada com o tipo de ferramenta conceitual que Schwarz utiliza. Ao focar exclusivamente o nível referencial do discurso, não há como rastrear os vestígios das condições contextuais de sua enunciação, já que elas não residem naquele nível. Por isso, seguindo os procedimentos habituais da história das "ideias", os estudantes não conseguem encontrar, no discurso latino-americano, nenhuma marca que o singularize.

Das "ideias" à "linguagem"

Repensar as questões que Schwarz pretendia tematizar, recuperando-as, desse modo, para a crítica cultural, envolve ao mesmo tempo a revisão dos pressupostos sobre os quais foram fundadas. Um exemplo poderá ajudar a esclarecer este ponto. O modelo elaborado por Iuri Lotman (1996, 1998) é particularmente relevante a este respeito. A aplicação do seu conceito de "semiosfera" à análise da questão levantada por Schwarz permitirá observarmos em que sentido uma abordagem centrada nas "linguagens" pode oferecer um conjunto mais sofisticado de categorias, que leve adiante o próprio projeto de Schwarz, iluminando a natureza das limitações resultantes de seu enquadramento na moldura das histórias das "ideias" tradicionais.

A semiótica é, como bem sabemos, a disciplina que veio a ocupar em parte o lugar deixado vago pelo declínio da retórica clássica, tentando analisar sistematicamente os processos de troca comunicativa. Sua pedra angular é a definição da unidade comunicativa básica representada pelo esquema "emissor → mensagem → receptor". Para Lotman, entretanto, esse esquema monolingual resulta em um modelo abstrato, estático e altamente estilizado dos processos de geração de sentido e transmissão de ideias. Conforme ele observa, nenhum "código", "linguagem" ou "texto" existe isoladamente; todo processo comunicativo, afirma Lotman, acarreta a presença de ao menos dois códigos e um operador de tradução. O conceito de "semiosfera" indica justamente a coexistência e a justaposição de um número infinito de códigos no espaço semiótico, o que determina a sua dinâmica. Esse conceito pode nos ajudar a rearticular a proposta teórica de Schwarz preservando, simultaneamente, o cerne de seus *insights* originais, que penso ser ainda válido.

O modelo de Lotman esclarece, em primeiro lugar, um aspecto apenas parcialmente articulado nos textos do crítico brasileiro. Conforme afirma o semiólogo russo-estoniano, embora todo código (por exemplo, uma cultural nacional, uma tradição disciplinar, uma escola artística, ou uma ideologia política) esteja em permanente interação com os elementos que formam seu ambiente semiótico, ele sempre tende ao próprio fechamento, de modo a preservar seu equilíbrio interno ou homeostase. Ele gera, assim, uma autodescrição ou metalinguagem, com a qual legitima seu regime discursivo particular, demarcando sua esfera de ação e internamente delimitando e confinando os usos possíveis dos materiais simbólicos disponíveis dentro de seus limites. Dessa maneira, ele estabelece também as condições de apropriação dos elementos simbólicos "extrassistêmicos": uma ideia pertencente a um dado código não pode ser introduzida em um código diferente, a não ser que passe previamente por um processo de assimilação. Isso mostra, enfim, que o "canibalismo" semiótico não é uma peculiaridade brasileira, muito menos um legado cultural tupi, como imaginou Oswald de Andrade.[8]

---

[8] Em *Die Nationalitätenfrage und die Sozialdemokratie*, o líder socialista Otto Bauer (1924) sintetizou essa ideia na sua noção de "apreensão nacional" ["national apperception"]. Sua definição desse conceito é notavelmente similar ao conceito de "canibalismo cultural" de Oswald de Andrade. Ver, a este respeito, Palti (2001:324-346).

Esse modelo ajuda a esclarecer a primeira crítica de Schwarz à rejeição nacionalista da "imitação" de modelos "estrangeiros": sua insistência em que a imitação não é autoexplicativa, em que devemos olhar para a realidade brasileira de modo a encontrar as condições para sua tendência a adotar conceitos alienígenas para (sempre inapropriadamente) descrever a realidade local. Em última análise, ele afirmou, na própria ação de "imitar", a cultura brasileira tornou manifesta sua natureza intrínseca. Mas isso também mostra que, conforme notou Franco, as "ideias" nunca estão de fato "fora do lugar"; ou seja, as trocas comunicativas nunca envolvem a mera recepção passiva de elementos "alienígenas". Para serem assimiladas, elas precisam se tornar legíveis pela cultura que vai incorporá-las. Caso contrário, elas seriam irrelevantes para ela, invisíveis a partir de seu horizonte particular. Essa observação força Schwarz a confrontar o problema: como é possível as ideias serem assimiláveis como próprias e ainda assim serem alienígenas? Aparentemente, a única alternativa que restou é postular um divórcio entre cultura e nação; isto é, a existência de um substrato mais autêntico, uma essência oculta de nacionalidade que sua própria cultura "superficial" falha em expressar ou representar, o que é precisamente a afirmação dos nacionalistas. Aqui, mais uma vez, encontramos as duas pontas do dilema: ou dissolver a questão da condição periférica da cultura local, ou voltar ao enquadramento dualístico da perspectiva nacionalista. Existe, entretanto, uma terceira variante, que Schwarz esboça, mas não elabora de modo consistente.

A pedra de toque das ideias de Schwarz é a mudança fundamental que ele opera no modo de abordar o tópico. Sua investigação não mais busca o caráter supostamente "alienígena" das ideias na cultura brasileira, mas se volta, antes, para o modo como elas eventualmente passaram a ser percebidas como tais por certos setores da população local. A referência às ideias de Lotman pode ser útil também a esse respeito. Conforme ele observa, embora os processos de troca cultural não envolvam uma recepção meramente passiva de elementos "alienígenas", justamente por essa razão a ambivalência semiótica lhes é inerente. Há duas origens para esse fato. Primeiro, o equívoco que brota do fato de que os códigos, assim como a semiosfera como um todo, não são internamente homogêneos: eles contêm uma pluralidade de subcódigos, que se entrecruzam e coexistem, e tendem, por sua vez, a seu próprio fechamento, frequentemente tornando impossível sua traduzibilidade mútua. Segundo, a própria abertura dos códigos a seu ambiente semiótico, que também produz permanentemente novos desequilíbrios internos. Para tornar um elemento externo assimilável, um sistema deve eventualmente ajustar sua estrutura interna e reorganizar seus componentes, desestabilizando, assim, sua configuração atual. Há nisso uma ligação com o que Jean Piaget (1971) estudou sob o nome de processos de *assimilação* e *acomodação*, os dois mecanismos fundamentais, para ele, no equilíbrio-desequilíbrio das estruturas cognitivas. Seguindo essa ideia, é preciso dizer que as ambivalências são simultaneamente causa e efeito dos desequilíbrios. Desenvolvimentos desiguais resultam necessariamente em assimetrias entre códigos e subcódigos (hierarquias e diferenças nas relações de poder). Assim, em todo processo de troca está presente alguma *violência* semiótica, operando tanto nos mecanismos de estabilidade dos sistemas como nos impulsos dinâmicos que os deslocam, junto com as compensações insuficientes que daí resultam.[9]

O que Schwarz percebe como determinante da "peculiaridade latino-americana" (a interação problemática entre o "centro" e a "periferia") deve ser interpretado como uma expressão dos desenvolvimentos desiguais e das trocas assimétricas no campo da cultura mencionados anteriormente, resultando num duplo fenômeno. Por um lado, os códigos na periferia de um sistema seriam sempre mais instáveis do que no centro, e sua capacidade de assimilar elementos alienígenas seria relativamente mais limitada. Por outro lado, a distância semiótica separando-os do centro tornaria as pressões por acomodação mais fortes. Nessa perspectiva, as visões de Franco e Schwarz perdem seu aspecto antagônico. As duas enfatizariam, respectivamente, dois aspectos diferentes, igualmente intrínsecos a todo fenômeno de troca cultural. Enquanto Franco foca os mecanismos de *assimilação*, Schwarz concentra-se nos processos de *acomodação* que os mecanismos anteriores por sua vez geram (e nas tensões inevitáveis que envolvem).

---

[9] A noção de compensação simbólica como o procedimento que permite a reversibilidade de estruturas cognitivas (sem a qual não há conhecimento verdadeiro) foi desenvolvida por Piaget no trabalho acima mencionado, *Biology and knowledge* (1971).

Essa reformulação condensa o cerne do programa teórico de Schwarz.[10] No entanto, ela implica, ao mesmo tempo, uma revisão de sua teoria em três aspectos fundamentais. Em primeiro lugar, nesta perspectiva linguística, "centros" e "periferias" não são estáveis nem fixos; eles se movem no tempo e no espaço. Determiná-los não é, portanto, uma tarefa simples. Eles são não apenas mutáveis historicamente, mas também podem ser relativizados a qualquer momento (o que é "centro" em um aspecto pode ser "periferia" em outro; tanto centros como periferias contêm, por sua vez, seus próprios centros e periferias etc.) (Campos, 2000). Em suma, é simplista e enganoso falar de "centros" e "periferias" como se fossem entidades fixas e homogêneas — um hábito que necessariamente leva a visões abstratas e genéricas da "Europa", da "América Latina" e de suas mútuas relações —, ou seja, como se fossem objetos cuja natureza e características distintivas pudessem ser estabelecidas *a priori*.

Em segundo lugar, os deslocamentos semióticos não são colocados no nível dos componentes semânticos. Não é que ideias sejam "representações distorcidas da realidade". Os desequilíbrios aqui não dizem respeito à relação entre "ideias" e "realidades" (um conceito que traz sempre implícito — ao menos como hipótese — o ideal de uma sociedade completamente orgânica, na qual "ideias" e "realidades" convergiriam), mas à relação das ideias entre si. Com efeito, esses tipos de deslocamentos são inevitáveis. Conforme vimos, eles brotam da coexistência e superposição de códigos heterogêneos em um único sistema. Isso significa que, ao passo que as ideias nunca estão "fora do lugar", já que o *sentido* [*meaning*] de uma dada ideia não preexiste às suas próprias condições de inteligibilidade, elas estão simultaneamente sempre "fora do lugar" devido ao fato de que cada sistema abriga protocolos de leitura mutuamente contraditórios. Dizendo de modo mais específico, elas estão "sempre parcialmente deslocadas". Isso ocorre não porque ideias e instituições alienígenas não sejam capazes de se ajustar à realidade local (de fato, elas estão sempre, em algum sentido, bem ajustadas, *no lugar*), mas porque esse processo de assimilação é sempre contraditório devido à presença, no interior de cada cultura, de uma pluralidade de agentes e modos de apropriação ("uma sociedade complexa e plural",

---

[10] Em "Discutindo com Alfredo Bosi" (1993) ele se aproxima ao máximo dessa formulação. Nesse texto, ele discute a ideia de Bosi de "filtro cultural" (Bosi, 1992).

afirma Pocock, "falará uma linguagem complexa e plural; ou, antes, uma pluralidade de linguagens especializadas, cada qual carregando seus próprios vieses sobre a definição e distribuição de autoridade") (Pocock, 1989:22). Pensar que elas poderiam estar completamente deslocadas implicaria postular um estado de completa *anomia* (a dissolução de todo sistema), o que nunca seria empiricamente possível, já que mesmo a situação de uma guerra civil acarreta algumas regras. Ao contrário, imaginar um estado no qual as ideias estivessem perfeitamente ajustadas equivaleria a supor a existência de um sistema inteiramente orgânico, uma ordem completamente alinhada, que tivesse conseguido apagar toda contradição e preencher suas fissuras internas; em resumo, consertar sua metalinguagem, o que não é de fato exequível em sociedades relativamente complexas.

Percepções sociais do caráter "alienígena" da cultura brasileira observado por Schwarz podem ser assim explicadas como uma expressão dos deslocamentos produzidos por essa complexa dinâmica no interior dos processos de aquisição cultural. Tal caráter "alienígena" não é meramente um fato que a "opinião popular" registra, como pensam os nacionalistas, mas, conforme Schwarz eventualmente sugere, o produto das contradições e ambivalências geradas pelo próprio processo de produção, transmissão e apropriação de discursos. Não poderíamos mais falar em "ideias fora do lugar", isto é, categorias ou noções que são, por sua própria natureza, desajustadas à realidade local e, desse modo, fonte de descrições distorcidas. Desajustes são, antes, uma expressão do fato de que toda assimilação é contraditória. O que é importante é entender o próprio processo de *deslocamento* das ideias. E isso nos leva ao terceiro e verdadeiramente problemático ponto, já que ele escapa definitivamente ao alcance do horizonte categórico de Schwarz.

O terceiro aspecto que a introdução da consideração da dimensão pragmática da linguagem obriga-nos a revisar na teoria de Schwarz reside no fato de que, como consequência das considerações anteriores, as ideias não apenas nunca estão completamente "desarticuladas" ou "fora do lugar", porque se as condições apropriadas de recepção por um dado sistema não existissem elas seriam irrelevantes — invisíveis — para ele, mas também o sentido de seu "deslocamento" não pode ser definido, a não ser em conexão com um determinado código particular. Ou seja, a determinação das ambivalências para um sistema específico é ela mesma equívoca, uma função do contexto de enunciação pragmático e particular. Não há somente *um* "lugar da realidade" a partir do qual se possa determinar quais ideias estão ou não "fora do lugar". Finalmente, a definição do que está "fora do lugar" e do que está "no lugar adequado" é já parte do jogo de equívocos onde, como vimos, as ideias "irrealistas" eram sempre as dos outros. O reconhecimento disso redefine completamente o objetivo da história intelectual. Seu alvo agora se torna a tentativa de compreender o que está "fora do lugar" em cada contexto discursivo particular: como certas ideias ou modelos e não outros acabam aparecendo como "fora do lugar"; como, para algumas pessoas, algumas ideias ou modelos estão "fora do lugar", enquanto, para outras, estão bem ajustados à realidade local; finalmente, como algumas ideias ou modelos que em certas circunstâncias apareceram, para certas pessoas, como estando em seu lugar apropriado passaram eventualmente a ser vistas, por essas mesmas pessoas, como "fora do lugar" (e vice-versa).

O clássico exemplo de Schwarz da Constituição brasileira de 1824 é, neste ponto, esclarecedor. Os autores da Constituição brasileira de 1824 reproduziram a fórmula da Declaração dos Direitos do Homem e do Cidadão francesa, afirmando que todos os cidadãos são livres e iguais perante a lei. Conforme observa Schwarz, isso era obviamente uma representação enganosa da realidade: naquela época, cerca de um terço da população brasileira era escravizada. Em suma, esse seria mais um exemplo da série de desajustes produzidos pela transposição de ideias liberais para um contexto social no qual as condições que as criaram não existiam. No entanto, a Declaração não era necessariamente contraditória no que diz respeito à existência da escravidão. Ela só seria contraditória sob a suposição de que *escravos fossem sujeitos de direito*, o que o discurso escravista justamente negava. O fato de esse discurso parecer-nos "fora do lugar" apenas revela nossas próprias crenças atuais (isto é, o fato de assumirmos que *todos* os homens, incluindo os escravos, são sujeitos de direito; o fato de não compartilharmos mais, enfim, o discurso escravista), o que não é relevante no enquadramento do trabalho historiográfico. Ainda assim, Schwarz tinha razão ao afirmar, contra Franco, que a Declaração estava "fora do lugar". Não importa o que *nós* pensamos sobre isso; o ponto aqui é que, de fato, assim parecia aos *próprios atores* (ou ao menos a alguns deles); e, ao longo do século XIX, especialmente na segunda parte do século, essa percepção rapidamente se espalhou. Não se tratava de um confronto entre "ideias" e "realidades", mas entre dois discursos opostos (conforme afirma Lotman, a produção de contradições ou ambivalências semióticas acarreta a presença de ao menos dois códigos mutuamente heterogêneos), os quais, em circunstâncias específicas, entraram em contato e colidiram. De qualquer forma, o fato é que o "fora de lugar" da carta constitucional não é algo "natural" ou "fixo", nem algo que se torna imediatamente aparente tão logo lemos seu texto e o contrastamos com a "realidade social" do seu tempo. Ele é, antes, um resultado histórico, o produto contingente de uma série de desenvolvimentos desiguais que determinaram as condições particulares da articulação pública de discursos naquele país, naquele momento específico. Ao contrário do que a visão de Schwarz sugere, o estar "fora do lugar" não pode ser entendido se separarmos essa circunstância do processo de decomposição que a instituição da escravidão estava então sofrendo, num país cuja economia dependia, contudo, fundamentalmente dessa instituição. Isso no limite revela como as premissas do discurso escravista estavam sendo solapadas.

Voltamos à definição centrada nos conteúdos semânticos do discurso ("ideias"), mas agora dentro de uma perspectiva que incorpora a consideração de sua dimensão pragmática. Daí por que a questão sobre se as ideias liberais estavam fora do lugar no Brasil não pode ser respondida com um "sim" ou "não". Somos levados a situar nossa abordagem em um nível diferente de análise (um movimento que Schwarz inicia sem nunca completar). Uma história das "ideias sempre parcialmente desarticuladas" deve ser definida como um tipo de história das "ideias sobre ideias fora do lugar", a história de uma segunda ordem de ideias, a saber, uma história de linguagens políticas e dos modos de sua articulação, circulação e apropriação social.

Finalmente, é possível dizer que a teoria de Schwarz sobre as "ideias fora do lugar", assim reformulada, ou seja, reinterpretada em termos das "ideias sempre parcialmente desarticuladas", é altamente esclarecedora dos processos de troca simbólica, em geral, e das dinâmicas desiguais de desenvolvimento cultural na América Latina, em particular. Ela provê uma ferramenta cultural mais sofisticada para compreendê--los do que aquela fornecida pelo esquema dos "modelos" e "desvios" dentro do qual Schwarz inscreveu a sua teoria, o que o leva a analisar "ideias" em termos de sentidos e proposições, enquanto atribui a eles funções próprias ao uso. Conforme vimos, o recurso a modelos linguísticos mais complexos permite-nos recuperar o núcleo duro de sua proposta original, além de prestar contas pelos desajustes gerados por trocas assimétricas, a partir de uma perspectiva não dualista dos desenvolvimentos culturais em áreas periféricas, ao mesmo tempo que a reformulamos de modo a prevenir a recaída no tópico. De fato, o objetivo é ganhar distância crítica em relação a ele, desfamiliarizá-lo e desnaturalizá-lo, transformando-o, desse modo, em um objeto passível de escrutínio crítico.

No limite, essa revisão da moldura interpretativa de Schwarz não apenas é uma das direções possíveis na qual ela pode ser desenvolvida, mas também um caminho mais compatível com as suposições antiessencialistas implícitas na própria opinião de Schwarz. Contudo, o preço a pagar por uma maior sofisticação é a renúncia a qualquer expectativa em encontrar algum traço genérico, descritível em termos simples, que pudesse identificar a história intelectual local; ou seja, a renúncia em descobrir algum traço particular perceptível na dinâmica cultural da região que pudesse revelar o caráter comum a todos os tipos de discurso por todos os respectivos países e períodos históricos e, simultaneamente, distinguir essa dinâmica cultural daquela presente nos discursos de todas as outras regiões. Em resumo, devemos renunciar à aspiração de definir quais ideias estão "fora do lugar" e em que sentido o estão na América Latina como um todo, independentemente de seu contexto particular de enunciação. Em última instância, acredito que o pressuposto básico do presente argumento foi perfeitamente condensado pelo próprio Schwarz em sua crítica do tropicalismo: "a generalidade deste esquema [tropicalismo]", ele afirmou, "é tal que abraça todos os países do continente em todas as suas etapas históricas — o que poderia parecer um defeito. O que dirá do Brasil de 1964 uma fórmula igualmente aplicável, por exemplo, ao século XIX argentino?" (Schwarz, 1992c:143-144).

Referências

BAUER, Otto. *Die Nationalitätenfrage und die Sozialdemokratie*. Viena: Verlag der Wiener Volksbuchhandlung, 1924.

BOSI, Alfredo. *Dialética da colonização*. São Paulo: Companhia das Letras, 1992.

CAMPOS, Haroldo de. *De la razón antropofágica y otros ensayos*. México: Siglo XXI, 2000.

CARVALHO, José Murilo de. História intelectual no Brasil: a retórica como chave de leitura. *Topoi*, v. 1, p. 123-152, 2000.

FRANCO, Maria Sylvia de Carvalho. As ideias estão no lugar. *Cadernos de Debate*, n. 1, p. 61-64, 1976.

_____. *Homens livres na ordem escravocrata*. São Paulo: USP, 1997.

HALE, Charles. Political and social ideas in Latin America, 1870-1930. In: BETHELL, Leslie (Ed.). *The Cambridge history of Latin America*. Cambridge: Cambridge University Press, 1989. v. 4, p. 367-442.

LOTMAN, Iuri M. *La semiosfera I*: semiótica de la cultura y del texto. Barcelona: Cátedra; Universitat de València, 1996.

_____. *La semiosfera II*: semiótica de la cultura, del texto, de la conducta y del espacio. Barcelona: Cátedra; Universitat de València, 1998.

PALTI, Elías José. The nation as a problem. Historians and the "national question". *History and Theory*, v. 40, p. 324-346, 2001.

PIAGET, Jean. *Biology and knowledge*: an essay on the relations between organic regulations and cognitive processes. Chicago: The University of Chicago Press, 1971.

POCOCK, J. G. A. *Politics, language, and time*: essays on political thought and history. Chicago: The University of Chicago Press, 1989.

ROMERO, Luiz. *Las ideas políticas en Argentina*. Buenos Aires: FCE, 1984. cap. V.

SCHWARZ, Roberto. As ideias fora do lugar. *Estudos Cebrap*, São Paulo, n. 3, p. 151-161, 1973.

_____. Beware of alien ideologies. *Misplaced ideas*. Londres; Nova York: Verso, 1992a. p. 33-49.

_____. Brazilian culture: nationalism by elimination. *Misplaced ideas*. Londres; Nova York: Verso, 1992b. p. 1-18.

_____. Culture and politics in Brazil, 1964-1969. *Misplaced ideas*. Londres; Nova York: Verso, 1992c. p. 126-159.

_____. Discutindo com Alfredo Bosi. *Sequências brasileiras*. Ensaios. São Paulo: Companhia das Letras, 1999. p. 61-85.

_____. Existe uma estética do Terceiro Mundo? [1980]. In: _____. *Que horas são?* Ensaios. São Paulo: Companhia das Letras, 1997. p. 127-128.

_____. Misplaced ideas. *Misplaced ideas*. Londres; Nova York: Verso, 1992d. p. 19-32.

Apêndice: esclarecimentos necessários e contradições inevitáveis 40 anos depois*

Nos últimos anos, o tópico das "ideias fora do lugar" volta a ser matéria de discussão. E o texto de Roberto Schwarz se situa, novamente, no centro desses debates.[11] A pergunta que hoje surge é se o processo de globalização em curso não terá tornado inatual o mesmo. Em sua resposta a seus críticos, seu autor reafirmaria sua vigência, assegurando que os questionamentos que foram e são feitos cabe atribuí-los a uma série de mal-entendidos que, tão logo se introduzem alguns esclarecimentos, se descobrem imediatamente como tais (Schwarz, 2012:25-27). E em parte tem razão, embora só em parte. Gostaria aqui, pois, de deter-me nesta sua recente resposta, a qual, como veremos, ilustra as dificuldades que contudo hoje encontra para articular uma formulação consistente de seu conceito a respeito, e que explicam, em última instância, a série de mal-entendidos a que a mesma deu lugar.

Segundo afirma, o título de seu trabalho original, "As ideias fora do lugar", resultou problemático, já que, diz, "fixou a discussão em um falso problema, ou melhor dito, no problema que precisamente o ensaio procurava superar". E imediatamente esclarece:

> Contudo hoje, aqui e lá, frequentemente me perguntam se a ideia A ou B não estaria fora de lugar. Outras vezes me convidam a contribuir para que as ideias sejam postas em seu devido lugar. Pois bem, é claro que nunca me ocorreu que as ideias no Brasil estivessem no lugar equivocado, nem tampouco que estivessem no lugar correto, e muito menos ainda que eu pudesse corrigir sua localização — tal como o título sugeriu a muitos leitores. As ideias funcionam diferentemente segundo as circunstâncias. Mesmo aquelas que aparecem mais deslocadas, não deixam de estar em seu lugar se tomarmos outro ponto de vista. Digamos então que o título neste caso pretendeu registrar uma impressão, das mais difundidas no país e talvez no continente — a impres-

---

* Tradução de Ronald Polito.
[11] Veja-se a respeito a série de artigos reunidos em Cevasco e Ohata (2002).

são de que nossas ideias, em particular as ideias adiantadas, não correspondem à realidade local —, mas de nenhum modo expressava a opinião do autor. (Schwarz, 2012:25)

Esta frase, de fato, condensa a proposta original de Schwarz, e nos indica um horizonte de reflexão muito distinto do que sua fórmula parece dar lugar e coincidente com o que propusemos nas páginas anteriores, isto é, avançar para um tipo de história das ideias de segunda ordem, uma história das ideias das ideias fora de lugar. Esta necessidade de transcender o tópico — de superar a problemática que o mesmo propõe, segundo suas palavras — tem uma dimensão adicional. Tomar literalmente as afirmações de alteridade das ideias não só resulta ingênuo, de um ponto de vista historiográfico, como teria consequências claramente conservadoras, em um sentido ideológico. "A convicção de que as ideias avançadas da Europa estão fora de lugar na atrasada sociedade brasileira não tem nada de novo; pelo contrário, é um dos pilares do pensamento conservador brasileiro" (Schwarz, 2012:25). Seja como for, o certo é que se limitar a replicar o tópico seria decididamente banal; não aportaria nada novo ao que vem sendo proposto reiteradamente desde a independência. "Assim", conclui, "não teria sentido que em começos dos anos 1970 um crítico literário de esquerda, oposto às mitologias dos nacionalistas, viesse a repetir um dos piores lugares-comuns do nacionalismo conservador" (Schwarz, 2012:25).

Até aqui, seus esclarecimentos resultam sumamente pertinentes e acertados. A frase que segue em continuação condensa o que era, efetivamente, o projeto original desse autor, e que em meu texto precedente se tentou resgatar como uma contribuição-chave para a crítica cultural latino-americana. Segundo diz: "O problema do ensaio — ao qual o título aludia ironicamente, como uma dramatização — era outro: tratava-se de esclarecer as razões históricas, os motivos pelos quais as ideias e as formas novas, indispensáveis para a modernização do país, causavam não obstante uma inegável sensação de estranheza e artificialidade inclusive entre seus admiradores e adeptos" (Schwarz, 2012:25). Enfim, enquanto Schwarz se limita a precisar o que *não* quis dizer, sua exposição acaba sendo, pois, inobjetável. Os problemas aparecem de imediato quando tenta desenvolver aquilo que *sim* se propôs a fazer. Chegado a este ponto, como veremos, seu projeto se desbarranca e termina contradizendo, de maneira muito óbvia, tudo o que vinha afirmando até aqui. E isto sem sequer percebê-lo, o que resulta sintomático de problemas conceituais que este autor não conseguiria ainda resolver.

Como vimos, Schwarz não afirmaria que as ideias liberais estivessem fora de lugar no Brasil do século XIX, mas busca simplesmente explicar por que as elites locais o perceberam assim. E encontra a explicação no desajuste que produz um projeto de modernização burguesa instaurado após a independência que, longe de abolir a escravidão, a reforça. "O paradoxo", diz, "resultava clamoroso no Brasil, onde o trabalho escravo e o tráfico negreiro não só não foram abolidos, como prosperaram notavelmente durante a primeira metade do século XIX" (Schwarz, 2012:26).

Em verdade, isto não difere em nada do que se vem dizendo no Brasil desde a independência. As atribuições de alteridade das ideias liberais no Brasil perdem assim seu caráter sintomático, que lhes conferiria interesse e as tornaria relevantes para a investigação histórica, para tornar-se, novamente, meros registros de uma suposta realidade, que, por outro lado, resultaria evidente (uma contradição "clamorosa", segundo suas palavras). O matiz que Schwarz introduz na continuação se refere, em todo caso, às causas deste desajuste. Seguindo os postulados das teorias da dependência, postula que o mesmo não resulta da herança colonial mas do próprio desenvolvimento capitalista, que gera este tipo de contradições nas regiões periféricas. "Deste modo, o entrelaçamento cotidiano entre as ideias modernas e o complexo de relações sociais ligado à escravidão era um fato de estrutura" (Schwarz, 2012:26). Está claro, todavia, que esta precisão de nenhum modo significa ainda "uma superação da problemática" das ideias fora de lugar, nem evita sua recaída no tópico. Seja qual for sua causa, o ponto é que, desta perspectiva, as ideias liberais no Brasil do século XIX seriam, com efeito, "ideias fora do lugar".

Em seguida, Schwarz explica em que sentido deveria ser compreendida esta expressão. Haveria de entendê-la, diz, no sentido de que, no Brasil, o liberalismo seria "uma ideologia de segunda ordem".

Note-se que o ideário liberal na Europa do século XIX correspondia à tendência histórica em curso, à qual descrevia de maneira verossímil. Inclusive a crítica marxista, que busca desmascarar esse ideário, reconhece que este tem um fundamento nas aparências do proceso social. Pois bem, nas ex-colônias, que admitem e mesmo promovem o trabalho forçado, o liberalismo não descreve nem de longe o curso das coisas — e é nesse sentido uma ideia fora de lugar.[12]

Esta afirmação resulta, com efeito, sugestiva. Contudo, longe de resolver a questão, abre uma série de novas interrogações que Schwarz já não pode abordar, e, de fato, elude pulcramente. Em primeiro lugar, caberia perguntar qual é essa Europa a que alude e na qual as ideias liberais estariam em seu lugar adequado (ou seja, descreveriam apropriadamente, se não a realidade do processo social, ao menos sua aparência). De fato, um dos autores favoritos de Schwarz, Georgy Lukács, indicou, para o caso alemão, algo muito parecido ao que ele indica para o Brasil, quer dizer, a percepção persistente na elite local do desajuste irremediável entre as ideias liberais e a realidade social alemã.[13] O próprio Marx, como é sabido, discorreu longamente sobre as razões do

---

[12] Schwarz (2012:26). Imediatamente esclarece que, de outra perspectiva, poder-se-ia dizer que, como afirmam seus críticos, as ideias estão no Brasil em seu lugar. As ideias liberais não descrevem a realidade brasileira do século XIX, "mas isto não impede que realizem outras funções diversas", diz. Por exemplo, "permite às elites falar a língua mais adiantada de sua época, sem prejuízo de obter em casa as vantagens do trabalho escravo" (Schwarz, 2012:26). Não obstante, insiste em seguida que a função descritiva se imporia sobre as demais. E isso pela pressão da visão racionalista hegemônica no Ocidente. Desconhecer este fato, assegura, seria absurdo. Uma explicação estranha, sem dúvida, na boca de Schwarz, posto que o alinha em uma esteira de pensamento claramente oposta à sua. Mais próxima, enfim, às de Jameson, segundo as descreve Silvia L. López em seu artigo referido a este Schwarz. Ali López analisa o debate de Ahmad com Jameson e assinala como esta visão que identifica a Europa com uma espécie de perversa racionalidade ocidental tende a desintegrar os vestígios de natureza encarnados no Terceiro Mundo e a expressão artística. "Este tipo de projeto", afirma, "permitiria uma negação da lógica da diferença que, no fim das contas, leva a uma classificação rígida dos produtos culturais das chamadas regiões menos desenvolvidas: leituras alegóricas da nação, anticanônicas, revolucionárias, antirrepresentacionais, emergentes etc." (López, 2002:25). Nada mais longe em Schwarz que tal idealização da condição periférica. Mas isto faz pouco compreensível dentro de seu discurso o argumento anterior. Sem dúvida, lhe permite justificar a primazia que outorga à função cognitiva-descritiva das ideias por sobre as demais funções, mas não resulta realmente compatível com sua perspectiva da questão.
[13] Lukács costuma citar Friedrich Hebbel, que afirmava: "É certo que nós os alemães não guardamos um vínculo com a história de nosso povo.... Mas, onde está a causa? Em que nossa história não teve resultados, em que não podemos nos considerar produto de seu transcurso orgânico, como os ingleses e os franceses, em que aquilo que sem dúvida devemos chamar nossa história não é história da vida, mas nossa história da enfermidade" (citado por Lukács, 1971:75).

fracasso na Alemanha da revolução burguesa, as consequências da preponderância dos *junkers* etc.

Por certo, não vem ao caso discutir se esta percepção era adequada ou não; o ponto, segundo indica o próprio Schwarz, aquilo que demanda uma explicação, é o fato mesmo da sensação de desajuste das ideias. Poder-se-ia dizer que a Alemanha do século XIX era, como a Rússia, a periferia europeia, o que resolveria a questão mas ao preço de tornar já sumamente complicada a determinação dos conceitos de "centro" e "periferia". Ambas se tornam assim noções difusas e difíceis de delimitar. E mais difícil ainda se introduzimos um complicador adicional: segundo afirma um lugar-comum na história do pensamento, tampouco na França as ideias liberais encontrariam um solo apropriado para prosperar. O "modelo político francês", segundo o definiu recentemente Pierre Rosanvallon (2004), teria sido sempre profundamente antiliberal (jacobino, centralista etc.). Novamente, não importa se isso é certo ou não, mas que foi e continua ainda hoje sendo normalmente percebido assim. Poderíamos, enfim, seguir a lista (não é necessário esclarecer que o mesmo poderia ser dito para o caso espanhol, ou o português, ou o italiano, ou o grego).

Em definitivo, o que nos fica é a Inglaterra. Só ali as ideias liberais estariam, supostamente, "em seu lugar apropriado". Embora também aqui poderia ser posto em questão este suposto. Analisando esta problemática para a América Latina, Antonio Annino assinala, de forma persuasiva, como o liberalismo na Inglaterra, contrariamente ao que normalmente se assume, não foi concebido para uma moderna sociedade industrial, mas foi pensado para um modelo de sociedade camponesa. E de nenhum modo era alheio ao tipo de relações clientelísticas e aos sistemas de favores que Schwarz imagina como alguma originalidade do liberalismo latino-americano. Segundo afirma:

> O caso inglês tem um valor simbólico muito importante: por uma parte porque a Inglaterra foi sempre o "modelo ideal" de todas as elites do século XIX, e por outra porque sua historiografia aceita como um dado óbvio, e para nada "corrupto", que no mundo rural inglês a identificação dos indivíduos com os valores comunitários implicou sempre relações de reciprocidade com as hierarquias sociais. Era normal que os terratenentes em anos de secas reduzissem as rendas de seus meeiros e parceiros,

e por certo era óbvio esperar-se em troca um apoio nas eleições. (...) Em geral, o princípio da *patronage* social foi considerado parte da ordem "natural" das coisas, e se considerava "corrupta" qualquer tentativa de modificar esta ordem.[14]

Mais especificamente, a respeito da suposta incompatibilidade entre escravismo e liberalismo, a suposta contradição "clamorosa" existente entre ambos, tal afirmação parece obviar o fato de que o assim chamado "pai fundador" do liberalismo inglês, John Locke, era membro da Royal Company, dedicada ao tráfico, e acendrado defensor do escravismo (tal como Washington e todos os primeiros presidentes norte-americanos) (Losurdo, 2005). Por trás desta afirmação subjaz uma visão sumamente estilizada e simplista (própria dos manuais de texto) da história do pensamento europeu. Enfim, está claro que a oposição rasa entre a "Europa" como a região em que as ideias liberais se encontrariam — sempre e em todos os lados — em seu lugar apropriado e a "América Latina" como aquela em que as mesmas estariam — sempre e em todos lados — desajustadas, logo que a analisamos de forma algo mais detida, se torna insustentável. Observa-se imediatamente que a mesma coadjuva uma visão decididamente abstrata e genérica dos termos em questão.

Tal oposição não pode, portanto, ser aceita literalmente. É aqui, enfim, onde se produz o deslizamento conceitual que conduz Schwarz a recair naquilo que diz que quis evitar. Chegado a este ponto, se dilui aquela distância crítica que pretendeu estabelecer a respeito de seu objeto: mais além da precisão que ele introduz sobre as causas dos desajustes ideológicos no Brasil, sua visão se sustenta ainda sobre essa mesma dicotomia que se encontra na base daqueles aos quais ele se propõe explicar, ou seja, compartilha as mesmas premissas conceituais que deram origem à problemática que quer superar. Daí, pois, que, apesar de seus esforços em contrário, não possa evitar terminar reproduzindo a mesma.

Isto se observa mais claramente quando abordamos uma segunda pergunta que surge de sua proposição: o que ocorre então com as outras ideias europeias do século XIX, além das liberais, isto é, as ideias conservadoras, absolutistas, socialistas, marxistas etc.? Estavam estas também

---

[14] ANNINO, Antonio. *El voto y el siglo XIX desconocido*. p. 8-9. Disponível em: <http://foroiberoideas.cervantesvirtual.com/foro/data/4864.PDF>.

em seu lugar apropriado, no sentido que Schwarz interpreta isto, quer dizer, expressariam apropriadamente, se não a realidade do processo social, ao menos sim sua aparência? Schwarz nos deixa sem resposta a respeito. Caberia supor que, para ele, isto é assim, posto que do contrário a problemática das ideias fora de lugar já não seria uma propriamente brasileira ou relativa à condição periférica de nossa região, mas eminentemente europeia. Ou seja, surgiria a questão de determinar que ideias estavam em seu lugar e que ideias estavam fora de lugar também na Europa, o que desmontaria todo o seu argumento. Pois bem, se isto é assim, se as ideias conservadoras, socialistas etc. estavam ali em seu lugar apropriado, surge, por sua vez, outra interrogação: como pode ser que ideários tão diversos e mesmo opostos entre si possam, não obstante, encontrar-se todos eles na Europa "em seu lugar apropriado", no sentido em que Schwarz entende isto, ou seja, resultar em descrições da realidade igualmente adequadas ao modo em que esta se apresenta?

Chegado a este ponto é que se torna inevitável abordar aquela série de questões que permitiriam superar efetivamente a questão das ideias fora de lugar e avançar no projeto de uma história das ideias das ideias fora de lugar, que, como vimos, é, em realidade, o projeto original de Schwarz: *que* ideias foram percebidas como estando fora de lugar e *para quem* estavam?, *quando?*, *em que sentido?* etc. A proposição destas perguntas, que Schwarz deve eludir sistematicamente, na medida em que não consegue ainda afartar-se das premissas conceituais em que se funda o tópico, lhe teria permitido desnudar aquilo que a recorrência e massividade do mesmo (não só na América Latina, mas em todo o mundo, incluídos Europa e Estados Unidos) encobre: as profundas divergências sobre o que é que supostamente estaria, em cada caso, fora de lugar. O certo é que, quando passamos ao plano das percepções acerca da alteridade das ideias a respeito de um meio social dado, aparece claramente que as mesmas não são nunca unívocas nem homogêneas, que essas percepções diferem segundo os sujeitos (as ideias que estão fora de lugar para alguns, estão fora de lugar para outros, e vice-versa) e mudam também ao longo do tempo (as ideias que em certo momento pareciam fora de lugar para certos sujeitos passam a ser vistas como apropriadas para esses mesmos sujeitos, ou vice-versa). E que são justamente estas divergências e estes deslocamentos os que resultam verdadeiramente reveladores, de um ponto de vista histórico-conceitual, e os que haveria que tratar de compreender.

De fato, toda a proposição de Schwarz conduz a este ponto, sem que, todavia, nunca possa chegar nele. Dentro de seus marcos, não podem ser propostas estas questões dado que assinalam seu limite último. E a explicação mais profunda para isso está intimamente associada com a questão, que subjaz a todo o seu argumento, sobre o estatuto das ideias marxistas. Como ele afirma:

> O tema geral das "ideias fora de lugar" tinha projeções espinhosas no presente: e se também o marxismo, como o liberalismo, estivesse "deslocado"? Quer dizer, e se também o marxismo contivesse pressupostos sociais europeus inencontráveis na ex--colônia? (Schwarz, 2012:27)

Todas as precisões que introduz se orientam, com efeito, para um único objetivo: demostrar que as ideias marxistas não estão fora de lugar no Brasil, que, embora resultem originariamente estranhas a este meio, podem ser reelaboradas de modo que resultem compatíveis com ele. Isso é o que havia afirmado explicitamente já em sua "Resposta" à revista *Movimento*, citada anteriormente (ver supra) e que nesta outra resposta reitera sem demasiadas variantes. O que mobiliza todo o argumento, assegura, não é outro que aquilo que só duas páginas mais acima sustentava que se tratava, em realidade, de um falso problema: se "seria possível evitar essas ideias [fora de lugar], ou melhor, adaptá-las de formas menos absurdas ou alienadas" (Schwarz, 2012:27). Assim proposta a questão, sua resposta resulta já previsível: "o caráter deslocado do marxismo nas ex-colônias resultava um problema e um desafio: havia que reconstruí-lo, para inventar caminhos originais e possíveis para o socialismo" (Schwarz, 2012:27). Enfim, o "falso problema" dos nacionalistas se converteu, subitamente, no problema crucial não só para uma teoria cultural, como para todo o desenvolvimento histórico na região.

Sua resposta desenha assim um círculo completo pelo qual conclui afirmando exatamente aquilo que nega no começo. O que fica claro ao final é que a demanda acerca de se a ideia A ou B é adequada ou não para a realidade brasileira, ou se, neste último caso, a mesma pode ser reelaborada de modo que deixe de estar, não seria em absoluto impertinente. Contrariamente ao que assegura no princípio, o fato que foi interrogado persistentemente a respeito não expressaria, pois, um mero mal-entendido, mas encontra uma base certa em sua proposição. Mesmo quando é certo que, ao mesmo tempo, contradiz inteiramente todo o seu projeto teórico. Em última instância, por trás desta contradição, tão óbvia como inadvertida por Schwarz, se transluz um problema mais fundamental: que seu modelo não oferece alternativa alguma; que dentro de seus marcos não há forma de evitar condenar as ideias marxistas como inadequadas à realidade brasileira, segundo ele se propõe, sem apelar ao que chama "um dos piores lugares-comuns do nacionalismo conservador". Seu labor crítico se reduziria assim a tão só inverter seu signo (as ideias fora de lugar, neste caso, seriam as nacionalistas-desenvolvimentistas, enquanto as marxistas-dependentistas seriam, para ele, em contrapartida, descrições adequadas à realidade local), preservando, no essencial, seus mesmos pressupostos. Enfim, o que demonstra isto é que para desprender-se efetivamente do tópico e avançar na direção de uma história das ideias das ideias fora de lugar, não bastaria simplesmente propô-lo, senão que é necessário antes minar as premissas conceituais sobre as quais o mesmo se funda e desenvolver novas ferramentas teóricas que permitam reformular radicalmente a questão, e tomar assim distância crítica a respeito do próprio objeto.

Referências

ANNINO, Antonio. El voto y el siglo XIX desconocido. p. 8-9. Disponível em: <http://foroiberoideas.cervantesvirtual.com/foro/data/4864.PDF>.

CEVASCO, Maria Elena; OHATA, Milton (Org.). *Um crítico na periferia do capitalismo*: reflexões sobre a obra de Roberto Schwarz. São Paulo: Companhia das Letras, 2002.

LÓPEZ, Silvia L. Adorno no Brasil. In: CEVASCO, Maria Elena; OHATA, Milton (Org.). *Um crítico na periferia do capitalismo*: reflexões sobre a obra de Roberto Schwarz. São Paulo: Companhia das Letras, 2002.

LOSURDO, Domenico. *Contrahistoria del liberalismo*. Madri: El Viejo Topo, 2005.

LUKÁCS, Georgy. *La novela histórica*. México: Era, 1971.

ROSANVALLON, Pierre. *Le modèle politique français*. La société civile contre le jacobinisme de 1789 à nos jours. Paris: Seuil, 2004.

SCHWARZ, Roberto. Las ideas fuera de lugar: algunas aclaraciones cuatro décadas después. *Políticas de la Memoria*, p. 35-27, 2012, 10 nov. 2012.

CAPÍTULO 4

Nicolas-Antoine Taunay e suas ideias em trânsito: a arcádia como trópico*

Lilia Schwarcz
Universidade de São Paulo

Um quadro é como uma janela aberta para outra cultura.
M. BAXANDALL

E dizer-se que nos achamos no país do Sol.
NICOLAS TAUNAY

FOI JEAN Starobinsky quem afirmou que o que mais interessa entender é o "trânsito de ideias, imagens e referências"; do que supor que uma teoria se encerra em si mesma, ou que pinturas se referem apenas ao contexto e circunstância que pretendem representar (Starobinsky, 1989). Ao contrário, desde sempre foram a circulação e as constantes ressignificações que daí advêm que permitem observar uma produção cultural sem essencializá-la ou buscar cair na vulgata da originalidade absoluta ou da inventividade individual. Na obra de Jean Starobinsky tratava-se de analisar como, no ano de 1789, houve um "trânsito" acelerado e retroalimentado entre obras de arquitetura, telas de autores variados, óperas, teatros...; conjunto esse que mostrava a existência de uma espécie de dialeto em movimento, mas autorreferido. Já nesse nosso caso, pretendemos, a partir da produção de um pintor específico, Nicolas-Antoine Taunay, entender como sua viagem da Europa ao Brasil e de volta à Europa fez com que ele colocasse em movimento convenções de época que nada tinham a ver com a noção de etnografia ou

---

* Esse trabalho representa uma parte diminuta de livro onde desenvolvo reflexão mais detalhada sobre o pintor e o tema que aqui analiso: *O sol do Brasil*. São Paulo: Companhia das Letras, 2008. Por significar uma reflexão a partir desse projeto, algumas reflexões são bastante assemelhadas às introduzidas nesse livro.

com uma perspectiva mais "verista", comprometida com a reprodução da "realidade". Como veremos, ele "descobria" uma arcádia iluminada na Itália — e foi Panofsky que mostrou como essa Arcádia não passou de uma invenção do poeta Virgílio nada referida à Sicília, por exemplo (Panofsky, 1991) —, para reencontrá-la na França e procurar por ela, perdidamente, no Brasil. Como mostrou Gombrich, no caso das obras iconográficas, constituem-se verdadeiros vocabulários visuais, "*schematas*" que fazem com que, muitas vezes, uma tela deva muito mais a outra do que a seu contexto imediato. Ou seja, vemos por convenção e não livremente e nosso próprio olhar é disciplinado por possibilidades do contexto (Gombrich, 1995).

Por outro lado, não se pode deixar de lado a importância da clientela, nessa circulação de ideias, imagens e bens simbólicos. Na tradição da história social da arte, e inspirada por autores como Baxandall (2008), Svetlana Alperns (2010) e mesmo Carlos Ginzburg (1989), é possível indagar acerca da relação com os comitentes e de que maneira demandas culturais de outros locais influenciam na fatura e na perspectiva de obras produzidas em contextos tão particulares como distintos. Com isso, circulam valores, culturas, modelos, representações.

Nosso objetivo é pois analisar como um pintor de formação acadêmica e neoclássica chega ao Brasil com uma "mala pesada". Escapando da perseguição que atingiu a todos os antigos simpatizantes e colaboradores de Napoleão, nosso Nicolas-Antoine Taunay, desiludido com a guerra e com os dissabores da política, pede licença do Instituto de Artes, onde atuava como professor, em busca daquela que imaginava ser "uma natureza exemplar do Brasil". Já na projeção há muito de imaginação e de circulação de ideias, concepções, valores e imagens, uma vez que até 1815 o território brasileiro havia ficado fechado à curiosidade francesa. O que nosso pintor, um ilustrado de formação e gosto, conhecia era a literatura Seiscentista de Thevet, Jean de Léry; os escritos de Montaigne e de Rousseau, assim como os desenhos de Montanus, e, quiçá, tenha visto obras de Franz Post exibidas nos museus franceses; mas isso de fato não temos como ter certeza. Dentre as imagens dessa gente estranha ou da natureza edenizada e pacífica muita projeção existia, e Taunauy parece aportar no Brasil, em 1816, pronto a reconhecer uma natureza que parecia "reconhecer", e "de cor".

Mas os trópicos não seriam fáceis para Taunay, até porque eles não cabiam em sua palheta ou em seus esquemas prévios de formação. As cores eram fortes demais; o sol irritante, o céu artificial e o verde das florestas excessivo. Por outro lado, parecia não ter lugar em sua compreensão de homem das luzes e formado pela ilustração e pelos conceitos de igualdade, liberdade e fraternidade, a escravidão e o suposto da posse de um homem sobre o outro.

Ele que pintara telas icônicas em 1789, nas quais colocara homens, mulheres, crianças, pobres e ricos comendo juntos. Como na tela "Festas da liberdade" (figura 1), de 1788 (Paris, Museu de Versalhes). Que estabelecera um paralelo semântico e visual com o mundo animal, onde estariam igualmente unidos cachorros, gatos e galos, agora padecia para dar lugar a esse sistema em que, como diria Machado de Assis, num folheto mais tardio, "dominava o fato impolítico e abominável da escravidão" (citado em Schwarz, 1977). Grande degradação maior, a escravidão estava por demais distante das ciências das luzes, do progresso, das humanidades e da civilização.

No entanto, era esse paraíso distante, perdido na tópica de um mundo que deveria ser ontologicamente "novo", que Taunay vinha procurar. Mas a realidade insistiu em se mostrar bastante diferente do que o modelo parecia prometer. E se não havia arcádia possível ou fácil de encontrar, Nicolas trataria de recriá-la. Por isso seus trópicos seriam esmaecidos como os céus tropicais europeus; sua natureza temperada, seus marinheiros napolitanos e suas vacas, que pastariam não em campos, mas em praias isoladas.

Mais difícil era, porém, lidar com a escravidão. Exímio miniaturista, Taunay daria à sua paisagem um ar aprazível, de acordo com as demandas de sua clientela, mas não deixaria, em nenhuma das suas telas "brasileiras", de flagrar escravos nos detalhes. Quase que escondidos, camuflados na paisagem estão eles: amas de leite com crianças muito brancas, negros carregando senhoras nos ombros, escravizados quebrando pedras ou carregando pesos descomunais. Se o conjunto era harmonioso, era nos detalhes que essa imensa contradição, entendida com muitas doses de ambivalência, se apresentava. E até nos detalhes a circulação de imagens se imporia. Nosso pintor usaria material de propaganda abolicionista da América Central para fazer como que pequenos carimbos, clichês de denúncia dos males do cativeiro. Lugar improvável, o Brasil aparecia como uma arcádia tropical perdida, apenas chamuscada por pequenos, diminutos escravos dispostos em situação de trabalho excessivo. Taunay colocará uma certa visualidade em circulação, acomodando modelos do exterior para relê-los no local, e ressignificá-los, novamente, na Europa. Como diz E. Gombrich, "muitas vezes a forma precede o conteúdo" (Gombrich, 1995:124). E aqui não seria diferente.

Um pintor de paisagem

Sabemos que a paisagem é sempre construção. Construção social, processo histórico, imaginação simbólica, justaposição de temporalidades e ajuste de experiências. Por outro lado, a pintura de paisagem é gênero inserido na estrutura da academia. Na hierarquia de gêneros propagada pela instituição, a paisagem vinha abaixo da pintura de história e das pinturas religiosas (Prevsner, 2005). Mas deveria ser igualmente moral e elevada, como pretendia Poussin, considerado o pintor que deu à pintura da paisagem um estatuto diverso, pois considerado eticamente igualável aos modelos da antiguidade presentes nas telas de história.

Interessante pensar que é na condição de pintor de paisagem que Taunay é recebido no Brasil e essa situação, num primeiro momento, até lhe pareceu favorável. Afinal, se fora obrigado a conceder a David e pintar telas de história de formato elevado, sobretudo durante o contexto do domínio de Napoleão (Friedlander, 2001), ele nunca negara sua preferência pela "vera natura" e sua curiosidade por novos repertórios. Mas Taunay não podia imaginar os problemas formais que teria pela frente e muito menos que o gênero da paisagem lhe seria prejudicial na luta política travada com os demais artistas do grupo. Afinal, logo que chegou à Corte do Rio de Janeiro, Taunay pensava apenas na possibilidade de ficar apartado da guerra e de retratar, mais uma vez, a natureza; outra e a mesma paisagem.

A paisagem brasileira bem podia lembrar as luzes da Itália e as matas que percorria desde a infância na vizinhança de Paris. Admirador de Claude Lorrain, Nicolas, que se fartara da luminosidade italiana, parecia agora interessado em encontrar o idílio, nesse que seria seu paraíso tropical. Por outro lado, leitor de Winckelman — o grande mestre e colecionador da voga neoclássica —, Taunay via na América a perfeita tradução da natureza da antiguidade. O sol e a luminosidade do Brasil só eram comparáveis à claridade romana — local em que complementara sua formação e tanto influenciara sua palheta —, e no país bem poderia nascer uma nova civilização. É certo que por aqui não encontrou as comodidades a que se habituara na França. Os palácios, quando existiam, eram modestos e de poucos andares, as ruas, mal pavimentadas e pouco arborizadas. Em suma, comparado com Roma — "a cidade eterna" — ou Paris, tudo parecia apático e provinciano. Por outro lado, não havia àquela altura nenhuma instituição de fato secular, uma vez que a religião católica imperava soberana. Por fim, faltavam materiais para a prática da pintura, assim como eram escassos os ajudantes (sobretudo brancos).

Mas mesmo assim, alojado num primeiro momento com os demais colegas, em uma casa na Corte — e em 12 de agosto de 1816 contratado pelo prazo de seis anos, e contando com um vencimento bastante confortável de 800 mil-réis —, Taunay parecia estar numa situação confortável. O salário era modesto, mas suficiente, ao menos prevendo-se os custos de vida no Rio de Janeiro, e lhe permitia imaginar uma estada provisória, longe, momentaneamente, da conturbada política francesa. Nesse meio-tempo, realiza alguns retratos das filhas de d. Carlota, além de tentar se aproximar de d. João. Procurou, ainda, fazer retratos por encomenda, mas o patronato privado era por aqui muito irregular e não era fácil para um pintor ganhar a vida num país como este. O fato é que a quantidade de pessoas interessadas nas artes visuais ou em comprar quadros era muito pequena. Por isso, mesmo sem estar habituado a realizar retratos privados, Taunay veria na atividade um bom ganha-pão, e uma forma de melhorar seus vencimentos. O próprio d. João parecia um pouco excêntrico para os viajantes estrangeiros, que o descreviam como "bonachão" e sem elegância — com seus casacos velhos que lhe caíam como um saco apenas marcado pela barriga protuberante. Passava mais tempo em seu retiro em São Cristóvão do que na Corte do Rio de Janeiro e não correspondia, exatamente, à imagem triunfante do imperador da França, que Nicolas se habituara a retratar.

Nesse meio-tempo, Taunay trataria também de elaborar imagens dessa elite emigrada ou para aquela brasileira que começava a se formar, a partir da política farta de distribuição de títulos empreendida pelo regente. Um bom exemplo é o retrato que Taunay fez da marquesa de Belas.[1] Constança Manuel de Meneses era a filha de d. Antonio Luis de Meneses, filho do quarto marquês de Marialva; embaixador de Portugal em Paris no momento em que começaram as negociações para a vinda de uma colônia de artistas franceses ao Brasil. A própria marquesa era muito bem entrosada nas lides da Corte, tendo sido camareira-mor da rainha d. Maria I até a sua morte; o que talvez explique estar representada com uma veste preta, um sinal de luto diante da morte da rainha. Desposara, como vimos, o segundo marquês de Belas, que muito ligado à monarquia resolvera segui-la em 1808, quando a Corte deixou Portugal. E, ao que parece, Taunay trabalhou algumas vezes para o marquês, como comprova outra tela em que a família aparece entrando em um pequeno barco ao pé da Glória.

Vestida com detalhes que mostram que a marquesa seguia padrões da moda, esse retrato traz a marca da delicadeza de Taunay e os limites de sua concessão como artista. Afastava-se cada vez mais de seu grupo e se acercava da nobreza que conhecera ainda na França e com quem passava a conviver no Brasil. Com esse mesmo espírito fez as telas de d. Maria Tereza e de d. Maria Isabel Francisca, da família real. No entanto, diferentemente da marquesa de Belas, que quase sorri na tela com seu batom muito vermelho e suas roupas coloridas, as duas princesas parecem tristes e quase óbvias em suas roupas e adereços. Taunay, que não manifestava qualquer compromisso com o realismo e com a documentação, nesses casos caprichou na melancolia: nas duas meninas pareciam estar expressos senão os dissabores da realeza, ao menos a estranheza dessa monarquia momentaneamente parada nos alegres trópicos americanos. O fato é que Taunay, que permanecia leal à sua freguesia europeia, não perdia tempo, tentando lidar com uma nova e improvisada clientela local. Parecia difícil apenas aplicar modelos de fora: era necessário traduzi-los ao contexto mais tacanho do Brasil.[2]

---

[1] Tela pertencente à Fundação Rank Packard. São Paulo.
[2] Para pensar na questão da clientela, e de sua importância na composição final, nos foram muito úteis as obras de Ginzburg, Baxandall e Alperns, já referenciadas.

Escravidão e arcádia: trópicos improváveis

Mas é nas telas de gênero e paisagem que Taunay encontraria maiores dificuldades formais. Parecia difícil simplesmente reler as virtudes da arcádia, que nosso artista tanto gostava e em que achava inspiração, nos trópicos brasileiros. Ainda na Corte, Taunay faria uma série de telas "urbanas", digamos assim, se considerarmos que a cidade do Rio de Janeiro se adensava com a chegada de tantos imigrantes.[3] Na verdade, o artista procurou adaptar sua técnica à novidade dos trópicos, traduzindo os princípios da formação clássica e sua formação como miniaturista, muito bem aplicada, como veremos, com relação à representação dos escravos. Além do mais, trouxe para as telas brasileiras e para as vistas exóticas do Rio de Janeiro as vacas, cachorros e outros animais que se acostumara a encontrar e desenhar na paisagem estrangeira, sobretudo na Arcádia romana. Parece até que Taunay procurava acercar-se do novo contexto, introduzindo elementos que lhe eram familiares e que lhe permitiam entrar em terreno alheio com mais propriedade. Por isso suas árvores serão tropicais mas também temperadas; seus marinheiros um pouco italianos e suas cidades quase vilas romanas. Formado pela tradição italiana de Roma, Taunay revisitaria a luminosidade do Brasil com dificuldade e a partir de vários deslocamentos. A forma era a mesma, mas o contexto muito distinto, o que impunha uma série de "traduções" e releituras.[4] No entanto, diferente de Debret e Rugendas, Taunay não fará uma crônica visual do Brasil; ao contrário, aqui encontrará uma nova forma de mediação e uma maneira própria de se assenhorar dessa nova realidade. Mais ainda, jamais abriu mão da perspectiva de voltar à França (até porque havia pedido uma licença de seis anos), tal como manteve uma clientela igualmente francesa. Assim, suas telas seriam contaminadas pela formação acadêmica que carregava, da mesma maneira como imporiam uma necessária circulação de imagens: trazendo visualidades europeias e inserindo-as na paisagem tropical, assim como o contrário, veremos, seria igualmente verdadeiro.

---

[3] Comentava-se a existência de uma população que oscilava em torno de 80 mil almas, passados mais de 10 anos da chegada da realeza.

[4] Inspiro-me aqui na obra de Roberto Schwarz e mais especificamente no livro *Ao vencedor as batatas* (1977).

Uma Corte "deslocada"

É possível considerar que Taunay realizou ao menos uma tela histórica durante sua estada no Rio de Janeiro, mostrando *D. João VI e dona Carlota Joaquina passando a Quinta da Boa Vista perto do palácio de São Cristóvão* (figura 2).[5] Mas o quadro não é exatamente o que anuncia. Em primeiro lugar, a propriedade de Taunay ficava estrategicamente no caminho da Quinta da Boa Vista — apesar de distanciada do Paço — e o pintor aproveitou para abreviar suas idas à cidade, concentrando sua atenção no palácio predileto do monarca. A tela também não é feita de maneira a destacar o casal real.[6] É certo que Taunay elevou, pela luminosidade e centralidade que conferiu, as figuras de d. João e d. Carlota, que se encontram atravessando a ponte em uma carruagem, bem no meio do ritual. No entanto, fiel que era ao gênero da paisagem, Taunay deu aos personagens um lugar subalterno, ou pelo menos menor diante do espetáculo protagonizado pela natureza. Além do mais, por conta de sua técnica de miniaturista, definiu bem o contorno dos regentes; não há, porém, destaque ou personalidade nos retratos. Ao longe, mais à direita, percebe-se o palácio Imperial de São Cristóvão, residência adotada pelo soberano desde que decidira viver apartado de Carlota Joaquina e da própria Corte. O lugar é ermo, mas vê-se a estrada real que d. João construíra para que o acesso fosse facilitado até sua moradia. Perto de d. João, a pessoa de cabelos brancos que saúda a passagem do rei é o próprio Taunay, que, com sua ironia delicada, por vezes se fazia representar no meio das situações e sempre como personagem incógnito. Ele é tão incógnito e diminuto como seus escravos, e até mesmo o casal real, na tela de Taunay, pode ser apenas alusivamente identificado. Por sinal, há quem duvide que seja o casal real a atravessar a ponte, numa situação que lhes deveria ser de todo rara, uma vez que as relações entre os dois se encontravam notoriamente distantes, habitando os dois príncipes em paços diferentes. No entanto, como Nicolas

---

[5] A tela encontra-se hoje no Palácio de São Cristóvão, no Rio de Janeiro.
[6] Alguns críticos colocam em questão se a acompanhante de d. João seria mesmo Carlota Joaquina. Zuzana Paternoster afirma que a companheira, por suas feições, seria a nora de d. João, d. Leopoldina. Ver Schwarcz e Dias (2008).

escrevera cartas aos dois, pedindo por emprego, quem sabe retratá-los juntos poderia render-lhe algum crédito político.

Pode-se dizer que a função de Taunay, dentro da lógica da "colônia Lebreton", foi diferente da de um pintor de história, como Debret, mas nem por isso menos importante para a construção de uma imagem de Brasil. A paisagem significava uma representação possível a unir a monarquia europeia com uma natureza particular. Passava, também, a ser usada em diferentes locais que começavam a produzir verdadeiras iconografias adaptando modelos pictóricos mais gerais às especificidades próprias a cada local. E Taunay usaria de sua destreza para com a paisagem, mesmo quando retratava a realeza portuguesa em terras americanas. O rei e a rainha viviam separados (o primeiro na Quinta da Boa Vista, a segunda no palácio da cidade e às vezes em Botafogo), mas visitavam-se com alguma frequência, sobretudo em ocasiões oficiais, e parece que o local de encontro dos dois cortejos dava-se, justamente, no cenário da floresta. Mito ou não, esse era o ambiente recortado por nosso pintor: a natureza a acolher a monarquia.

Estamos também nos aproximando do local da residência de Taunay. Por isso mesmo, o pintor utiliza-se das características locais, do ambiente brasileiro, e também do significado dado à tradição da paisagem pastoral, inspirada em Claude Lorrain. E, assim, os momentos passageiros em que a Corte portuguesa se encontra nos trópicos são transformados em instantes de idílio, mais apropriados à divagação campestre (Migliaccio, 2000), tal como a arquitetura barroca portuguesa ganha a envergadura de templo grego. A paisagem contém a ideia de elevação e se sobrepõe à representação da realeza que, nesse caso, a adorna; não o contrário. Ou seja, se nas pinturas de história a natureza surge como fundo de tela, ou adereço, nesse caso, é ela que preenche todos os espaços. O Paço, bem evidente ao fundo, simboliza o poder da realeza, mas a cena parece se desenrolar a despeito do casal reinante. Fatos visuais são construções imaginárias e, como revela Gombrich (1960:254), em seu famoso estudo *Art and illusion*, não há olhar inocente e apreender já representa uma maneira de classificar. Nessa tela, Nicolas sabotava a pintura de história e fazia dela uma valsa a ser dançada com essa natureza majestosa do Brasil.

E os aspectos mais reiterados nas telas de Taunay — e valorizados nas pinturas de paisagem — estão todos presentes nessa pintura: as vacas a pastar, o céu esmaecido que toma metade do quadro, as figuras pequenas e a vegetação tropical, caracterizada por suas árvores singulares e que mais uma vez se parecem com as árvores italianas de Claude Lorrain. Até mesmo a assinatura do artista aparece disfarçada em um caixote, como se Nicolas pretendesse a todo momento jogar com a atenção de seu espectador.[7] Interessante é que, deslocada no equilíbrio da tela, está a ação central: um cortejo atravessa uma ponte, levando o casal real. Para d. João e Carlota convergem as luzes, mesmo que as figuras sejam em tudo diminutas. Destaca-se também o contraponto entre os soldados que acompanham o cortejo — todos brancos (quase europeus e napoleônicos) com suas espadas empunhadas — e os escravos que tomam a parte inferior da cena. Por sinal, essa bem que poderia ser uma cena pastoral europeia, não fosse a vegetação singular e alguns poucos negros que, como sempre, observam ou trabalham: são objetos da cena central; não sujeitos. Na floresta, como nas demais telas de Taunay, quase não há povo. Os dois que lá estão observam a passagem da Corte, sem interferir no movimento.

A paisagem é em tudo pacífica: o céu está claro, o cortejo segue tranquilo, a água é límpida e os escravos, quando reconhecíveis, apenas acompanham o evento. As famosas árvores de Taunay aparecem delimitando a fronteira da estrada. São mais espécies de clima temperado do que tropical, mas ornam e trazem para a tela certo efeito civilizatório, em meio a uma paisagem quase bucólica. Não se sabe se Taunay pretendia com essa pintura ganhar qualquer proteção real, ou se com ela reavaliava sua situação diante das intrigas que então vivia: de um lado, a rixa com os artistas portugueses; de outro, o posicionamento mais agressivo de Debret e Montigny, que iam se convertendo em artistas da Corte. Esta é, pois, a única tela mais concessiva de Nicolas à Corte. O próprio filho de Taunay, Theodore, deixaria um relato em que parece descrever este quadro: "Vejo na cidade um grupo avançando; inquietos cortesãos que o dever anima, em direção à mão real que beijam a cada noite. São brilhantes cavaleiros e os cortejos numerosos. As carruagens voam, seguidas por traços poeirentos; e a ponte, abalada sob o azul radiante, revela através do fogo dos corcéis, o som da passagem".[8] O filho

---

[7] Tal detalhe foi notado por Guilherme Auler (1955).
[8] Taunay (1830:70). Citado também por Jouve (2003:288).

deitava um tributo ao pai o qual, recatado como era, deixara de "fazer a corte". Era como se a natureza constituísse outra história: uma história possível e cuja nacionalidade era definida pela grandeza da paisagem. O fato é que este é o único quadro do pintor que nunca saiu do Paço de São Cristóvão. Figurou inclusive na entrada do famoso Museu do Imperador d. Pedro II, muitos anos mais tarde, mostrando como, por caminhos tortos, a paisagem virava mesmo representação oficial.[9] Taunay se dedicaria, mesmo enquanto no Brasil, à paisagem do Rio de Janeiro. Observava o mar, a igreja da Glória, as montanhas que circundavam a baía ou mesmo a floresta, tão próxima. O mar do Brasil surge em primeiro plano na tela *Scène maritime à Rio*.[10] Nessa obra, marinheiros, que mais parecem napolitanos, e lembram as paisagens feitas por Taunay na Europa, surgem misturados com os escravos. A escravidão é apenas uma sombra, uma vez que, se os marinheiros apresentam feições próprias, os cativos são quase borrões negros no meio da paisagem. Estranha escolha de Taunay, que sempre se esmerou em detalhar miniaturas e preencher de maneira correta e minuciosa até mesmo os pequenos pormenores. É certo que Nicolas optou por realizar telas calmas, quase edênicas, bem na tradição de Claude Lorrain. No entanto, em nenhum dos quadros que finalizou no Brasil deixou de introduzir escravos (o que poderia muito bem não ter feito). É como se tivesse de encontrar um local, mesmo que pelos detalhes, para lidar com esse mundo estranho do trabalho; esse limite da representação, para um pintor que se entendia como um homem da ilustração. Mas aqui os cativos surgem estranhos, pouco delimitados, quase borrões em meio a obras que se esmeram pelo acabamento perfeito e bem finalizado; próprio de um artista que se vangloriava de pertencer a uma família de miniaturistas. Na mesma pintura destacam-se, ainda, o céu do Brasil, que é representado de maneira dramática, e o mar: sereno, com alguma movimentação próxima de rochas pequenas perto da praia. Nada lembra qualquer convulsão; ao contrário, o ambiente é calmo, com os escravos trabalhando e as embarcações tranquilas no porto. Taunay deixaria seu nome assinado na vela do barco central; mais um detalhe, quase inocente. Quem sabe tenha grafado seu nome posteriormente, quando

---

[9] Para uma descrição do Museu do Imperador, ver a dissertação de Dantas (2007).
[10] Essa tela encontra-se atualmente no Victorian & Albert Museum, em Londres.

voltou à França[11] e pretendeu vender suas telas brasileiras. O fato é que Nicolas imaginava poder conseguir algum pecúlio com seus trópicos, o que pareceu não corresponder à expectativa de sua antiga clientela, mais acostumada com as telas evidentemente pastorais. O Brasil surgia quem sabe exótico demais, colorido em excesso para um mercado ainda condicionado pelas telas neoclássicas.

Escravos como fundo da paisagem e sempre trabalhando podem ser vistos também na pintura chamada *Vue de Rio avec la Gloria, prise du palais de son excellence le marquis de Belas* (figura 3).[12] Já tivemos tempo de comentar como a relação estreita entre Taunay e o marquês de Belas deveria render alguns proveitos financeiros e sociais ao pintor. A tela é construída bem ao pé da Igreja da Glória; lugar onde habitava o marquês, o que permite pensar que os personagens que partem em passeio fariam parte da família de Belas. É evidente nessa tela a delimitação de um contraste entre pretos e brancos; ou melhor, entre escravos e senhores, que se transformaria numa das características mais marcantes das telas brasileiras de Taunay: enquanto a nobreza aparece vestida de maneira muito elegante (à moda europeia) e é representada de forma quase reluzente, por conta do destaque em branco que o artista confere à representação dos mesmos, já os escravos são sombreados, apenas iluminados pelo contraste que sua cor estabelece com as roupas que portam, muitas vezes brancas. A escravidão que aparece nas pinturas de Taunay é a de ganho: o escravo que trabalha na cidade, e que parece estar totalmente imiscuído e naturalizado na natureza. O mais importante, portanto, é a fronteira social que toma as telas. Os negros de Taunay trabalham o tempo todo: carregam senhoras nobres em seus ombros — mais uma vez contrastando fortemente a cor das roupas da nobreza com a "camuflagem" dos escravos —; erguem as velas, transportam cargas, remam os barcos, controlam os animais. Mais à esquerda, nessa tela, uma ama de leite negra carrega um bebê. Taunay parece, pelos detalhes, fazer pequenas críticas à escravidão, expressão no trabalho pesado dos escravizados, ou nessa imagem dramática da mãe negra. A imagem é quase uma tópica da escravidão, com a ama negra a devotar sua vida

---

[11] Essa última sugestão é feita por Jouve (2003:289).
[12] A tela faz parte da coleção Paulo Geyer e está no momento no Museu Imperial de Petrópolis.

FIGURA 1

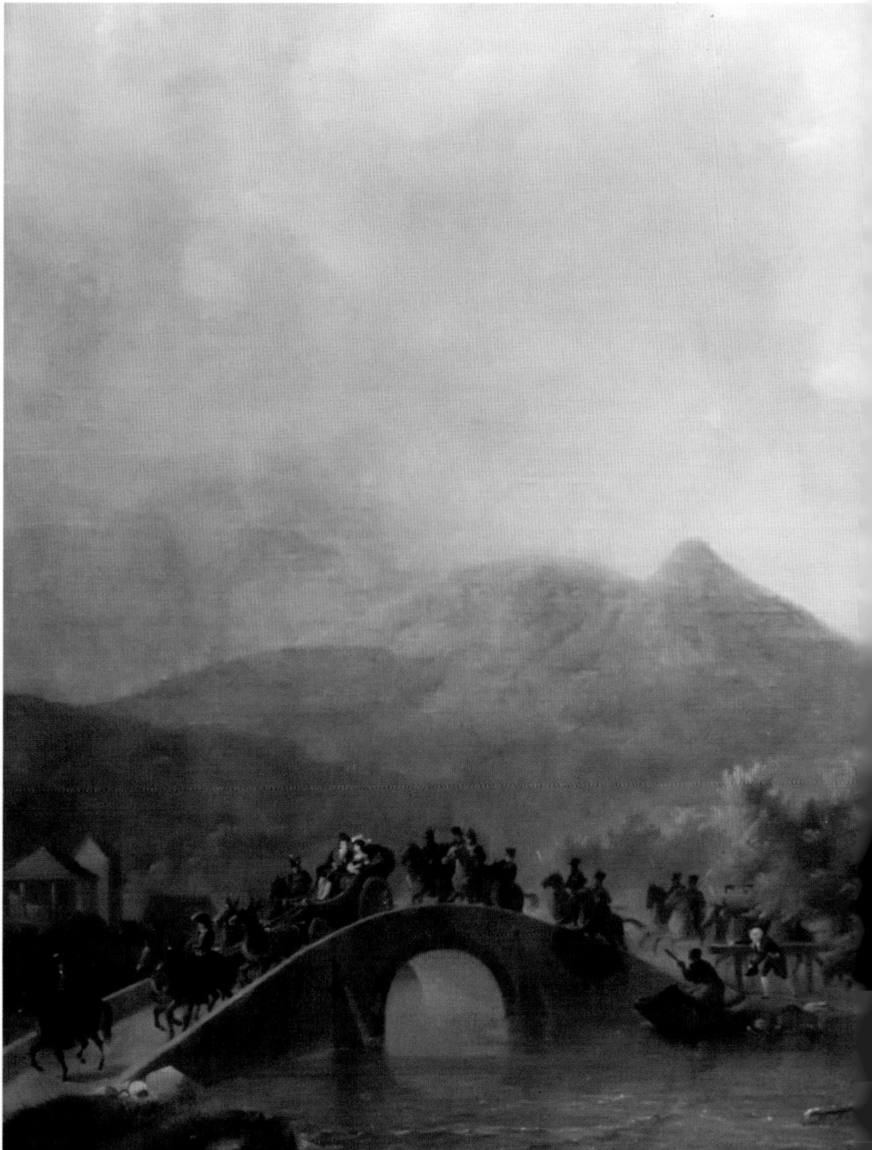

FIGURA 2

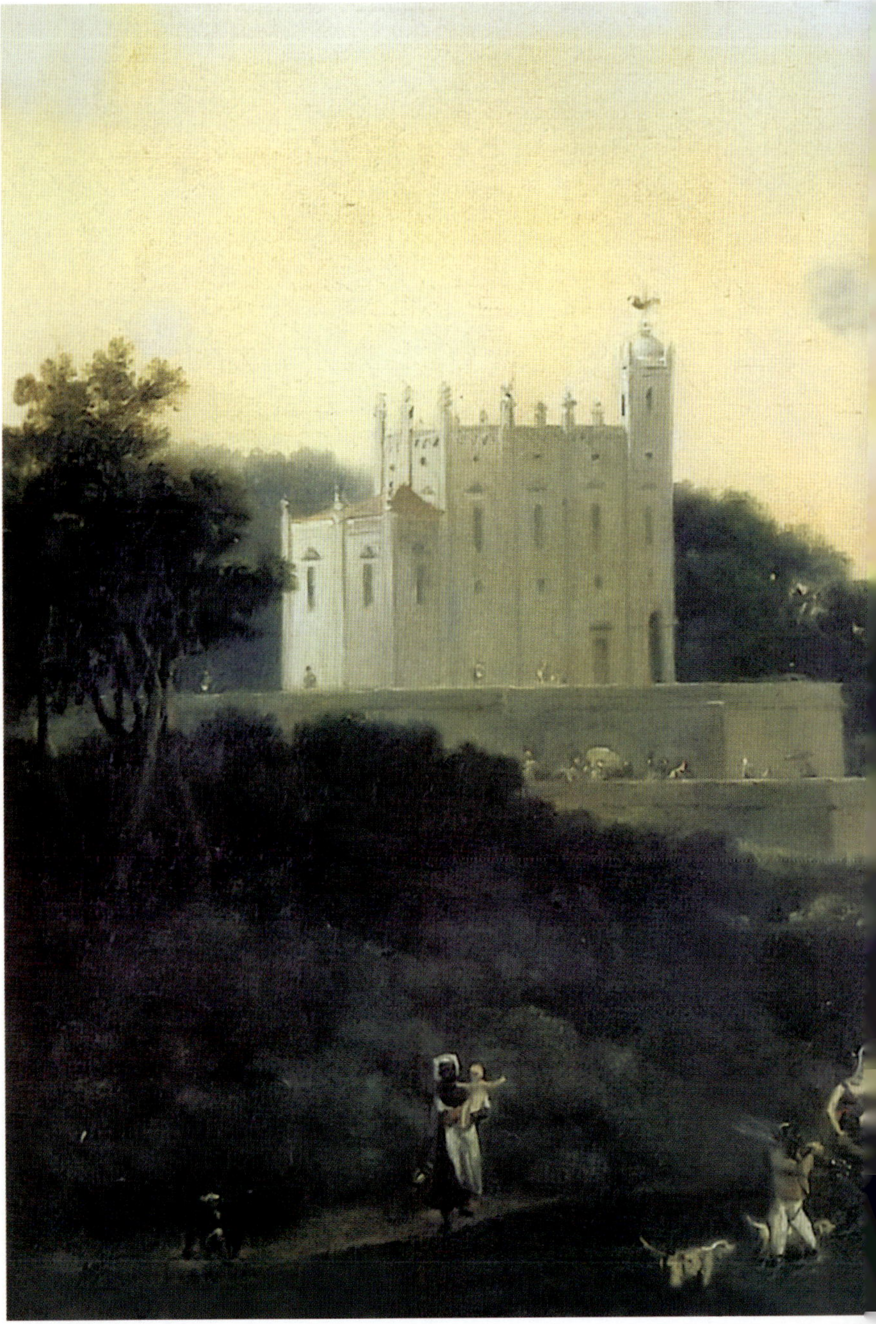

FIGURA 3

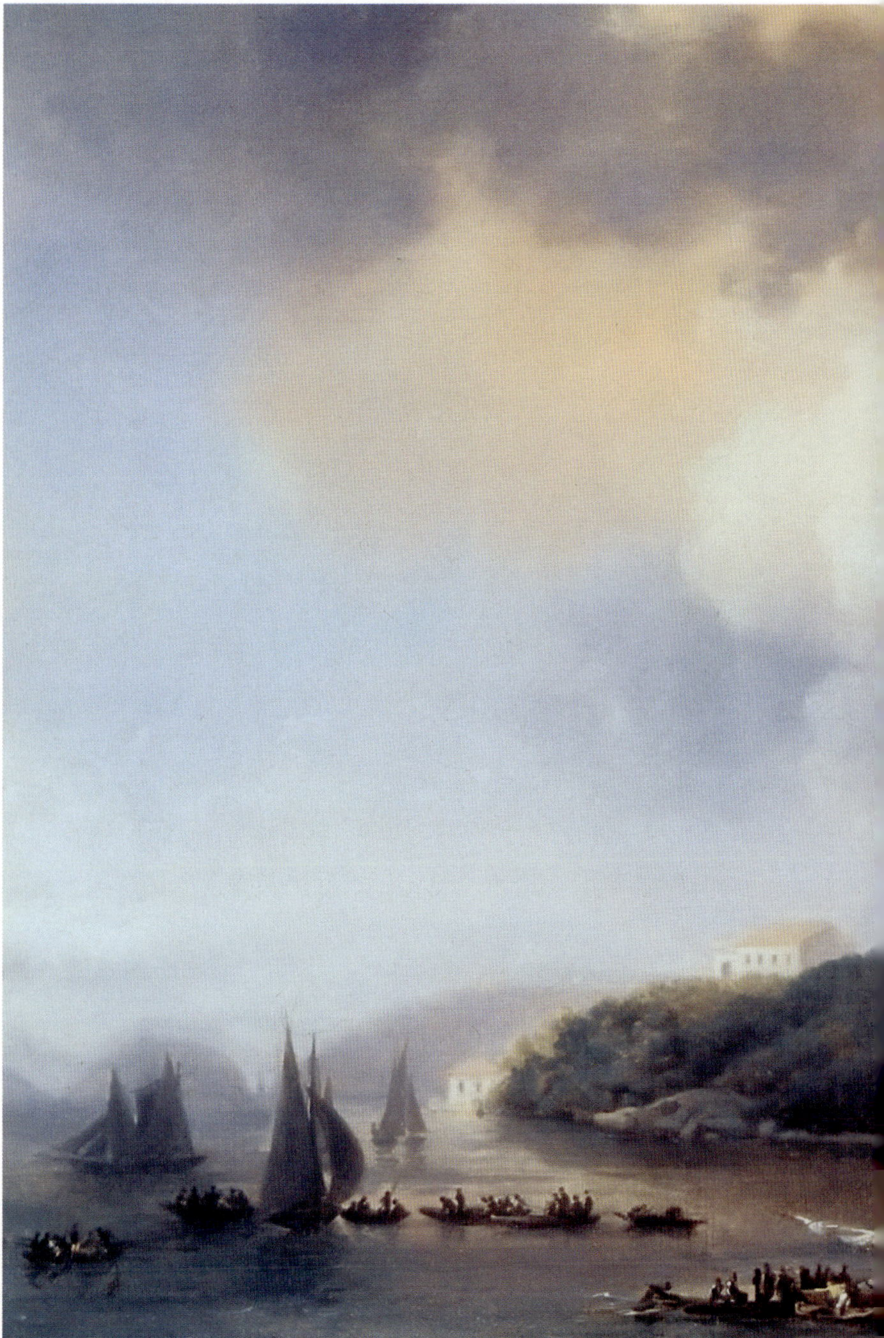

FIGURA 4

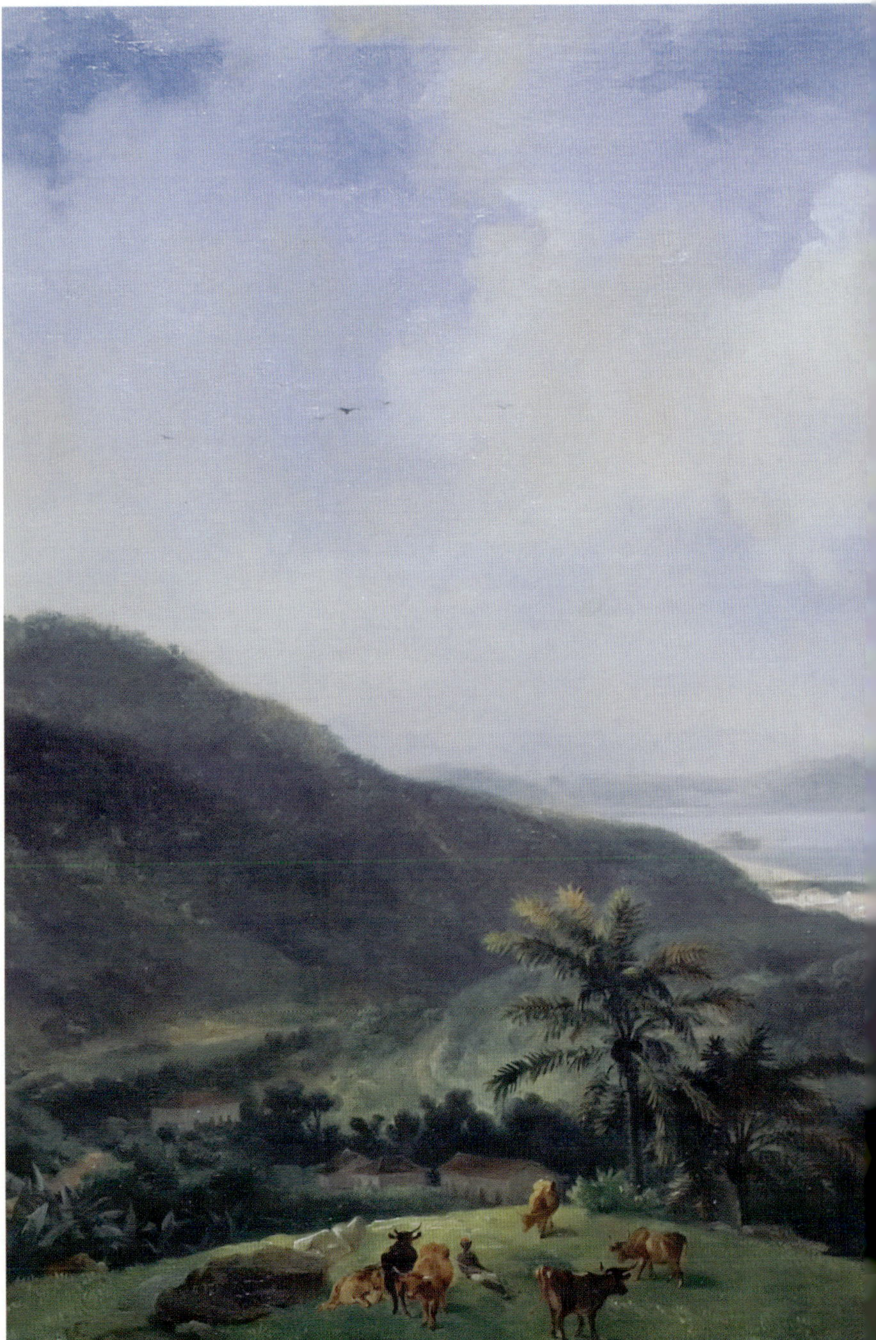

FIGURA 5

FIGURA 6

FIGURA 7

FIGURA 8

ao bebê branco, que, nesse caso, abre seus braços, quase em um sinal de sua liberdade.[13] A ama traz chapéu e vestido brancos e surge como uma figura forte (apesar de muito diminuta) a adornar a cena, por conta do lugar que ganha na tela, e, sobretudo, do par significativo que estabelece com a criança de roupas amarelas. O contraste é grande: afinal, mais acima, na sacada ao pé da Glória, a "fina" sociedade da corte é simbolizada pelas sombrinhas que a protegem do sol forte do Brasil. Enquanto escravos são aqueles que se submetem ao sol, a nobreza é poupada pelos charmosos guarda-sóis que vinham, agora, da França; ou pelo belo toldo vermelho que, dentro da embarcação, inibe a luminosidade. Com isso, a oposição é novamente reiterada: os negros são cada vez mais negros e os brancos mais brancos. O sol do Brasil acentua tudo com sua luz: os negros brilham com suas peles molhadas ou suadas e os brancos reluzem com suas roupas e sombrinhas. Taunay não esqueceria, ainda, de dispor três cachorros brincando em terra e na água. Os pequenos animais funcionavam como um elo a garantir uma certa intimidade de Taunay com seu novo cenário. Os animais das pinturas árcades escorrem de seu cenário original para figurarem nas obras brasileiras tal qual clichê. Por outro lado, destacam-se na lateral as arquiteturas que nada lembram ao ambiente tacanho da Corte colonial. Ao contrário, elas mais se assemelham às construções de Roma, com a mesma insolação forte. Taunay circulava imagens, na mesma proporção em que fazia referências às paisagens civilizadas da Europa. É dizer que a natureza bárbara do Brasil bem poderia ser civilizada pela mão europeia. A tela seria apresentada, anos mais tarde, no Salão de 1824, quando Nicolas tentava afirmar-se como um pintor pitoresco, um paisagista habituado a um ambiente em tudo diverso da temperada Europa.[14]

Natureza e escravidão, civilização e barbárie parecem, assim, se constituir como temática recorrente, ao mesmo tempo que se constroi uma visualidade de maneira circular. Em uma série de paisagens do Rio de Janeiro, captadas por Nicolas, esses elementos, de tão recorrentes, formam quase uma estrutura narrativa. Nas duas telas que elabora

---

[13] Uso a noção de tópica, conforme o conceito de *topoi*, os tradicionais lugares-comuns na trama da poesia.
[14] Claudine Jouve (2003:290) é quem indica que a tela teria sido exposta no salão francês de 1824.

sobre o outeiro da Glória, os cativos adornam, ao mesmo tempo que compõem, timidamente, a cena. Na *Vue de Outero, plage et église de la Gloria* (figura 4),[15] Taunay seleciona uma das vistas mais exóticas e características do Rio, que por sinal revisitaria muitas vezes. Nesse primeiro caso, tomado por baixo, o Outeiro mais se parece com um antigo palacete catedral europeu, só diferenciado por conta das árvores a seu fundo, que denunciam um local tropical. Os escravos estão por toda parte; às vezes são escuros e quase indistintos, por vezes aparecem portando calças brancas e acabam destacados na tela, pois carregam mais uma nobre nos ombros. O jogo de oposições é, também, marcado pelo contraste que o pintor estabelece entre a grandiosidade da igreja e a simplicidade da cabana disposta na parte de baixo do quadro, quase como detalhe esquecido. Mas esse não é um deslize qualquer, uma vez que a própria tela faz par com outro quadro: *Vue de la Gloria do Outero*.[16] Em primeiro plano está o outeiro; majestoso e central em sua alocação. Nele, a luz do Brasil bate com toda força, de maneira a torná-lo quase translúcido; até parece uma paródia dos monumentos que Nicolas encontrou em Roma e que surgem amarelados por conta da insolação agressiva que recebem. No entanto, se descermos um pouco o olhar, veremos que Taunay recheia a cena com o que julga ser a vida na Corte carioca. Em primeiro lugar, lá estão os animais — um cachorro e alguns cavalos. A paisagem é feita de familiaridade, e Taunay introduz sempre os seus pequenos bichos, de maneira a dar um ar reconhecível aos ambientes que cria. Mas o cotidiano está mesmo no mar, habitado por corpos diminutos que guardam certa hierarquia, "naturalmente" partilhada: os brancos são servidos; já os negros trabalham — carregam peso, conduzem barcos, levam animais, controlam os remos. As profundas diferenças são desenhadas nos pequenos detalhes. No lado esquerdo, ainda, destaca-se uma frondosa árvore; marca do desenho de Taunay e sinal dos trópicos.[17] Mais uma vez um imenso coqueiro toma a lateral do quadro, como se comprovasse uma certa determinação: estamos de-

---

[15] O quadro está atualmente exposto no Museu Castro Maya de Açude, no Rio de Janeiro.
[16] A tela pode ser encontrada no Palácio das Laranjeiras, no Rio de Janeiro.
[17] As árvores compunham uma espécie de marca registrada nas telas de Taunay e eram centrais nas avaliações do júri dos salões parisienses.

finitivamente no Novo Mundo. Mas o fundamental é a grandiosidade da igreja que se impõe diante dos personagens diminutos. É a igreja que marca a civilização possível da América; esse ambiente em tudo paradisíaco e "ordenado", cuja calma só é ligeiramente atrapalhada pelas pequenas ondas que agitam a praia. De resto, nada parece incomodar o equilíbrio reinante.

O quadro é quase culpado diante da realidade que não demonstra; o pitoresco procura nublar a violência da escravidão mas não esconde as diferenças sociais. Quase como pequenas denúncias, o artista flagra escravos quebrando pedras, carregando tijolos, numa sucessão de metáforas facilmente reconhecíveis que demonstram quem são aqueles que labutam nesse país. Mais uma vez, Nicolas faz o mais difícil: apresenta os escravos e discrimina suas funções sociais. No entanto, naturaliza a situação de tal maneira que confere ao cativeiro um lugar quase que periférico e colado à paisagem. Central é a natureza idílica do Brasil. Afinal, o pintor jamais esqueceu de sua licença de seis anos, assim como não descurou de sua clientela europeia, que pedia por paisagens agradáveis e não telas de denúncia social ou da afirmação explícita da violência. Além do mais, e diferentemente de outros pintores da época, que procuravam na paisagem motivo para descobrir o local e o particular — matéria da identidade nacional —, Taunay cercava sempre pelo "mesmo", fosse ele encontrado na natureza italiana e no motivo classicista, ou no Brasil com seu cenário pitoresco. Por isso, os escravos, a despeito de estarem sempre presentes nas telas, não recebem, contudo, um lugar mais destacado. Diminutos, só se impõe nos detalhes. Talvez Nicolas mirasse, mesmo, uma determinada clientela, que demandava telas pitorescas e que apresentassem uma paisagem quase que indiscriminada, conquanto que variada. Na Austrália ou no Brasil, o que importava era o "exótico" que surgia retratado; não o detalhe particular, por vezes constrangedor, como era o caso da presença da escravidão. Interessante pensar na ambivalência da fatura de Taunay que expõe e esconde; apresenta e dissimula. Há escravos, mas eles são de difícil percepção no conjunto da tela. Porém, vistos de perto, mais lembram as propagandas antiescravistas que apresentavam em branco e preto escravos sujeitos a trabalhos descomunais. Assim são os pequeninos cativos presentes em todas as telas brasileiras de Taunay: ornam a cena mas também a denunciam, por extensão e pelo conhecimento de outro tipo de material, de alguma maneira identificável pelo público europeu de Taunay. Essa não é, no entanto, e mais uma vez, uma tela isolada. Na *Vista da Baía do Rio tomada das montanhas da Tijuca e dos altos da Boa Vista*[18] (figura 5) pode-se observar uma floresta em primeiro plano, e a cidade do Rio de Janeiro ao fundo: nada mais tentador para um pintor de paisagens que não ousava se afastar, muito, dessa "civilização possível".[19] A cena lembra o famoso gênero das *fêtes galantes*, tal o grau de diversão que parece evidenciar e a paisagem serena que apresenta. Ao centro, mais à esquerda, um grupo se diverte. São cinco personagens: três mulheres e dois homens, estando um a cavalo e outro a pé, portando um chapéu branco. Este bem poderia ser Taunay a anotar a cena. Dos lados — e mais uma vez equilibrando (e desequilibrando) a pintura — estão dois escravos. O da direita a tudo observa, e carrega uma carga descomunal sobre sua cabeça, como se essa definisse sua função social. O outro, mais à esquerda, pastoreia os mesmos animais que, teimosamente, Taunay insistia em introduzir em suas telas europeias ou brasileiras. A distância social que separa os dois grupos é tão evidente que a proximidade entre os mesmos torna-se quase ofensiva: a violência das relações domésticas que se estabelece entre senhores e escravos surge descrita de maneira discreta, mas não menos pujante. O Brasil também comparece com suas árvores, no caso, um coqueiro, o qual, postado bem ao centro da tela, como que chama o olhar para a sua majestade tropical. Isso porque, mais uma vez nesse quadro, o imenso céu tropical é reverenciado e apresentado sob a forma de um triângulo: a luz é muito forte, assim como o azul intenso pouco lembra a tradição dos paisagistas holandeses a que Taunay constantemente se referia. Ao contrário, aqui vemos a apropriação, a releitura e a importância da estada de Taunay em Roma e da convivência fecunda que teve com Vernet e Valencienne e Jean--Louis Demarne. Basta notar a amplidão do céu do Rio de Janeiro, talvez o elemento que ocupa mais espaço nessa tela. Imenso, ele impres-

---

[18] Acervo do Museu Castro Maia, no Rio de Janeiro.
[19] A tela, que fez parte da coleção de Jacques Arago, foi descrita, segundo Claudine Jouve, por Hippolyte Taunay como o passeio que a família havia realizado logo após a sua chegada ao Brasil. Estranha-se, porém, a caracterização, uma vez que ela não corresponde exatamente ao que se observa no quadro.

siona. Com Valencienne, Nicolas aprendera a ampliar a representação do céu; ensinamento esse que traria e estenderia ao Brasil. No fundo, a cidade pequena e pacata contracena miúda e tímida, porém iluminada, com a imensidão da baía da Guanabara. As árvores, a cena rústica e melancólica lembram, por outro lado, a arcádia classicista de Claude Lorrain, cuja grandiosidade ideal estava sempre expressa. A luz da arcádia italiana se espelharia na luz brasileira, e neste espetáculo apaziguado e bucólico, agora, tropical, uma referenciando a outra.

A bela composição de Taunay permite, pois, muitas leituras. De um lado, poderia agradar ao mercado de arte francês, por conta do retrato suave e pitoresco que proporcionava. De outro, repetia temas presentes no conjunto da obra de Taunay produzida no Brasil. Nos "quadros brasileiros" do pintor, os brancos se divertem com o campo — e lembram a Arcádia europeia; já os escravos trabalham e carregam: observam. Ambos decoram a cena, mas têm suas funções definidas até por contraposição. Nicolas não parecia preocupado em documentar e nem ao menos pode ser considerado um pintor empatado com os temas sociais. No entanto, se não escancara a escravidão como fará Debret em suas gravuras, também não a esconde. Na verdade, as próprias telas de Taunay só são brasileiras nos detalhes. No conjunto, o que impera é o modelo pitoresco forjado num ambiente classicista. No caso brasileiro, a escravidão africana parecia cumprir papel obrigatório, sobretudo a partir de uma literatura de viagem, consagrada nesse momento. E era isso que se esperava de um pintor francês que morava no Brasil. Mas que não se procure nas pinturas de Taunay qualquer conflito ou tensão. Pelo menos diretos.

Por sinal, é por meio da repetição que se revelam certas temáticas desse autor. Na tela *Vista da Ponta do Calabouço*[20] (figura 6) a escravidão aparece retratada ainda mais de perto, e com tamanhos mais ampliados, e, nesse caso, não por acaso. Um Alvará Régio expedido em novembro de 1693 ordenou que fosse erigida na fortaleza de São Tiago uma casa pública semelhante à já existente no Morro do Castelo, onde os escravos seriam castigados. Dessa data em diante, esse local passou a ser conhecido como Ponta do Calabouço, ou Calhabouço, Forte de São

---

[20] A tela faz parte do acervo do Masp.

Tiago do Calhabouço etc. O verdadeiro objetivo dessa casa pública, que recebia os escravos a mando de seus senhores, a fim de serem castigados como correção preventiva ou detidos por um tempo determinado, era a prisão provisória.[21] A prisão do Calabouço funcionou até 1830 (Saint--Adolphe, 1845:199) no local próximo do Forte de São Tiago e da Casa do Trem, erigida em 1762. Fazendo-se necessária a ampliação do então Arsenal Real do Exército, ficou decidida a demolição da casa. Mas esses já eram outros tempos.

Voltemos à tela. Mais uma vez o céu tropical toma boa parte da cena, sendo acompanhado de perto pelas montanhas do Rio. A paisagem é bucólica, assim como são bucólicas as vacas que se movimentam, perto do mar, e os dois escravos que parecem repousar. No entanto, apenas parecem, pois um deles traz a enxada de trabalho, prova de sua inserção nessa sociedade escravocrata. Mais ainda, apurando os olhos, percebe-se como estão presos por correntes, que quase que desmentem a liberdade que os gestos parecem anunciar. Novamente ambivalente é a representação: liberta no atacado, aprisiona no detalhe. A pintura também sintetiza elementos presentes no conjunto da obra do pintor, como se os quadros de Taunay falassem entre si. O céu de Taunay tem um azul rebaixado, com muitas nuvens; os animais estão sempre presentes nas representações — sejam elas cenários montanhosos ou ambientes marítimos —, vacas (convenhamos, um pouco melancólicas) pastam na praia e cachorros saltam pelas ondas. Tratava-se de criar uma arcádia nos trópicos, um momento de paz, a exemplo da educação que o artista recebera na academia na França ou na Itália.

Outras convenções vão se impondo no conjunto das telas. A insistência na baía do atual bairro do Flamengo com o Pão de Açúcar mais à direita surge de forma reiterada nas "telas brasileiras" de Taunay, sendo muitas das tomadas feitas basicamente do mesmo ângulo. Mas elas não têm qualquer compromisso etnográfico. Ao contrário, parecem dialogar com representações alhures, com noções distantes de uma arcádia perdida no tempo. Também a representação das embarcações é assemelhada: pequenos barcos têm suas velas contorcidas pelo suave vento tropical. Por outro lado, a nobreza, apesar de surgir representada

---

[21] Santos (2013:91). O autor afirma que "mandou-se preparar neste local um calabouço ou casa pública para castigo dos escravos que se fazia no morro do Castelo".

de forma diminuta, é sempre bem definida — como se fosse envolta por um traço de giz que a torna quase reluzente, ainda mais quando comparada à imagem dos cativos. Interessante contrapor a destreza de Nicolas ao definir os brancos com a indefinição no desenho dos escravos, que surgem quase como borrões sem maior definição. Quem sabe seria a própria ambivalência de Taunay com relação ao tema que surgia evidenciada em suas telas. Quem sabe seriam dificuldades técnicas com a representação de temas e personagens que até então lhe eram desconhecidos. O fato é que apenas os escravos aparecem pouco delineados. Como iluminista, autor de telas que à época da revolução defendiam a igualdade entre homens e mulheres, pobres e ricos, velhos e crianças, como entender essa terra da labuta forçada? Só com deslocamentos de formas originais, reinterpretações é que era possível naturalizar a paisagem, ao mesmo tempo que denunciá-la. Edenizar no primeiro plano, mas demonizar no detalhe.

As paisagens de Taunay oferecem, portanto, um Brasil de certa maneira conhecido no estrangeiro, mas sempre ambivalente. De um lado, Taunay esforça-se para apresentar uma natureza grandiosa, na qual a civilização progrediria. De outro, não podendo abolir o registro da escravidão, dá a ele um lugar periférico, por vezes meramente exótico, em certos momentos definitivamente crítico. O fato é que só quem não conhece as pinturas italianas de Taunay pode considerar suas paisagens brasileiras "cópias perfeitas da natureza". Na verdade, mais do que o retrato fiel, o que se percebe é a idealização. Desde Nicolas Poussin a paisagem adquirira estabilidade na França como um gênero consagrado. Esse tipo de pintura transmitiria não só emoções poderosas, como evocaria valores da Antiguidade ou permitiria a educação a partir da observação da natureza. Mas o estilo ficaria muito associado, como vimos, a Claude Lorrain, esse pintor francês, mas que fez do estilo uma prática italiana. Nas paisagens pastorais de Lorrain, os "Anos de Ouro" da imaginária Arcádia são caracterizados a partir de uma luz dourada do sol italiano, subordinando o registro da topografia específica a uma generalização idealizada e a uma natureza heroica. Tal modelo de pintura e de imaginação surge como uma lente que corrige "imperfeições" ou altera a ambientação. Por isso a natureza vira paisagem quando Taunay se assenhora dela e passa a imprimir sua própria interpretação. Se a natureza guarda preocupação com a semelhança diante da realidade, já a paisagem é diretamente interpretação; interiorização de subjetividades.[22] A ambivalência de Taunay estará toda presente em suas telas, que fazem um jogo duplo entre apresentar e esconder a realidade. Diante dos trópicos classicistas e italianizados, o lugar da escravidão deveria ser "naturalmente" deslocado.

Cascatinha da Tijuca: enfim um autorretrato junto à natureza do Brasil

Mas há uma tela em que o projeto ilustrado de Taunay se impõe de maneira grandiosa. Encantado com a paisagem, adquiriu um terreno na Tijuca, próximo de uma cascata, e ali aguardou a fundação da Academia, com seu irmão. Na verdade, desde o dia do desembarque, Nicolas teria ficado fascinado pela paisagem fluminense, e dominado pelo sol das terras da Guanabara: um sol que insistia em se mover e alterar a temporalidade. Por isso, logo que pôde, largou o apartamento destinado ao grupo de artistas franceses chegado em 1816, ofertado pelo governo, e procurou instalar-se em algum lugar nas cercanias da cidade, onde teria contato mais imediato com a natureza local. Morou pouco tempo numa casa na rua da Pedreira da Glória, na Corte, mas logo encontrou aquele que seria seu "retiro edênico": a "cascatinha Taunay", na Tijuca. Comprou alguns alqueires de floresta ao redor da cachoeira e ali construiu uma casa pequena, mas confortável, para onde se transferiu com toda a família e o irmão. Isso enquanto esperava pela inauguração da projetada Academia.

Taunay sempre se considerara um "amigo da natureza", e a Tijuca relembrava seu refúgio em Montmorency: a casa do amigo Rousseau, em que morara durante os anos mais radicais da Revolução. Lá também vivera num local muito arborizado, com a alameda de tílias, a mesa de pedra e o famoso poço que Rousseau construíra. O jardim do filósofo francês parecia ser o local ideal para a reflexão e para a idealiza-

---

[22] Sabe-se há muito que não há descrição livre de interpretação e não poucos críticos lidaram com o tema, como Gombrich em *Arte e ilusão*. Não se pretende, pois, retomar o tema; apenas mostrar como a paisagem continha sempre o olhar de seu autor.

ção da paisagem. Com efeito, nesse momento, a prática da jardinagem conformava-se como uma espécie de terceira natureza; sobretudo na França, onde uma natureza geometricamente controlada virava moda e impunha sua presença civilizada à paisagem. Mas o modelo não era novo. Desde o final do Renascimento ocorria certa idealização do mundo rural — iluminado, pastoral e tranquilo; em tudo oposto à escura, enfumaçada e caótica realidade das cidades. A propriedade no campo representava, assim, um refúgio seguro contra a invasão das doenças no contexto urbano. Por outro lado, o espaço desordenado da floresta transformava-se em parte integral da experiência do jardim, assim como ambos remetiam à novidade que significava a casa de campo (Andrews, 1999). A vila italiana ou a propriedade campestre representavam uma nova forma de relacionamento entre o doméstico e o selvagem, entre a arte e a natureza. Além do mais, a cena pastoral era considerada local ideal para diálogos filosóficos e experimentos estéticos.

O jardim era entendido, assim, como uma natureza interna que permitia tanto o exercício do motivo heroico, como a experiência pastoral. Era forte a tradição de Claude Lorrain, na qual a imagem pastoral era idealizada e se transformava numa paisagem heroica ao recuperar os arredores de Roma, mas também os exemplos da antiguidade. Antes dele também Rubens retratara sua propriedade rural — *Autumm landscape with view of Het Steen in the early morning* (1635). O pintor, que à época estava com quase 60 anos e terminara sua carreira como emissário da Espanha, realizou uma tela que expressa seu retiro mental no campo. A paisagem é calma, plana, com pastos ordenados. Por isso mesmo, a vegetação, mas também as águas surgem como massas: nem pequenos riachos, nem fontes diminutas transparentes. Era inconcebível uma *villa* italiana sem água e esse é mesmo o elemento do século, com seu ruído indispensável. E nas telas as cachoeiras e os cursos d'água surgiriam não só maciços como grandiosos e com a dignidade e pompa que os novos jardins exigiam (Wölfflin, 2000:159). Aí estava a idealização dos valores do campo, sempre submetidos a um repertório italianizado.

Também Taunay andava com 60 anos quando comprou o terreno na Tijuca e parecia encontrar nessa propriedade sua inspiração local. Dizia-se dominado pela "natureza indomada dos trópicos" e sua catedral era feita de mata e água da cachoeira. Na propriedade da Tijuca recuperara o costume de empreender longas caminhadas pela floresta que, nesse caso, eram bem mais penosas: não só era obrigado a excursionar por entre a mata, como as massas de vegetação faziam com que nas encostas verdadeiros dilúvios desabassem semanas a fio. Os raios eram fortes, assim como os trovões que por alguns momentos interrompiam a paz reinante. Mas Taunay parecia satisfeito e, com seu temperamento calmo, lentes grossas por sobre o nariz, longos cabelos cada vez mais brancos que lhe chegavam aos ombros e seu chapéu característico, apenas comentava: "Dizer-se que nos achamos no país do Sol" (Taunay, 1956:163). O sítio da Cascatinha tinha uma área de 41.900 braças quadradas (202.844 m), segundo planta levantada em 1829. Ao que tudo indica, Taunay viu nesse paraíso uma oportunidade de não só se distanciar de seus colegas, como de morar junto de outros franceses que nada tinham a ver com as questões políticas de ordem nacional ou estrangeira. Isso porque sua propriedade era ladeada pelo terreno de dois franceses: o conde de Scey e o conhecido conde de Gestas, com quem Nicolas criara uma verdadeira amizade. Neste local se constituíra uma espécie de subcolônia francesa, tal a incidência de compatriotas na área. E na região da Tijuca, conforme mostra Pedro da Cunha e Menezes,[23] onde os Taunay construíram sua residência, ainda outros franceses se instalaram, como a baronesa de Rouan, o príncipe de Montbéliard, mme. De Roquefeuil e o próprio conde de Gestas. Muitos deles se dedicaram à agricultura, criando plantações de café e de outros produtos. Apesar das chuvas, o "café Bourbon" (nome sugestivo que encontraram os compatriotas franceses), conforme a descrição de Hippolyte Taunay em seu livro *Le Brésil*, produzia muito bem: aos três anos começavam as árvores a carregar e aos seis estavam em pleno vigor. A maioria dos cultivadores contentava-se com umas 5 a 6 mil árvores — o que lhes garantia uma relativa abastança —, e o mesmo faziam os Taunay, que substituíram a mata por um pequeno cafezal (Dennis e Taunay, 1822:59-60).[24]

Na vizinhança vivia um bom amigo; o "ermitão e carvoeiro do Corcovado", como ele próprio se intitulava, o general holandês Teodoro

---

[23] Pedro da Cunha e Menezes fez os excelentes comentários que seguem os próximos quatro parágrafos, por ocasião da publicação de meu artigo na revista *Nossa História* n. 4. Nesse sentido, preferi mantê-los entre aspas, apesar de ter alterado um pouco a redação.

[24] Apud Menezes (texto citado na nota anterior).

van Hogendorp, um ajudante de campo de Napoleão, que fora por ele elevado a conde (Taunay, 1956). O lugar era tão conhecido dos estrangeiros que Maria Graham, que esteve no país anos mais tarde (entre 1821 e 1823), legou um belo desenho da propriedade. Ao que tudo indica, os arredores da Tijuca eram frequentados pelos viajantes, que lá desfrutavam não só ar mais ameno, como a convivência entre europeus. A região transformou-se, assim, em polo de atração por um duplo motivo: sua exuberância natural, mas também esses pequenos "hortos amenos" dos franceses, que recuperavam no Brasil seus grandes jardins domesticados (Gomes Júnior, 2005:62). Havia um trânsito frequente entre a movimentada rua do Ouvidor — agora tomada pelas modas e o luxo dos franceses — e a floresta da Tijuca, que representava o retiro espiritual daqueles que fugindo da vida urbana procuravam o sossego do campo. E não foram poucos os estrangeiros que deixaram seus relatos sobre o local. Louis de Freycinet, que passava pelo Rio de Janeiro na expedição da corveta *Urânia*, não apenas visitou a casa de Taunay como convenceu o mais novo dos filhos de Taunay, Adrien Aimé, a acompanhá-lo, como veremos, numa atribulada viagem pela Oceania.

Jacques Arago, famoso viajante e crítico, esteve na propriedade e dela deixou um documento, no qual destacava a famosa cascata e a casa confortável, embora pequena. No desenho de Arago, a cascata é quase descomunal diante da cabana diminuta e do escravo, o qual, sentado à frente do terreno, segura um papagaio. Nada mais pitoresco para representar o país: a natureza, os escravos e os papagaios, os pássaros diletos dos viajantes franceses do XVI. No seu livro *Souvernirs d'un aveugle*, Arago dizia ter encontrado Nicolas Taunay "desanimado e quase envergonhado diante da inutilidade dos esforços em prol da causa das Artes". Arago voltaria uma vez mais à casa de Taunay na cascatinha da Tijuca — após o naufrágio do *Urânia* — e relataria ter encontrado os dois irmãos ainda mais abatidos. E o viajante não deixou de lamentar a sorte de seus hóspedes: "essa família de artistas de talento que ninguém pode conhecer sem estimar e todos tanto estimam desde que a conhecem" (Jaques Arago apud Taunay, 1956:182).

Mas os Taunay não estavam mesmo abandonados. Naturalistas como o príncipe Maximiliano zu Wied Neuwied, Auguste de Saint-Hilaire e a dupla famosa formada por João Baptista Spix e Carlo Frederico von Martius não só estiveram por lá, como deixaram descrições sobre o local.

Um passeio não menos interessante empreendemos à Tijuca, lugar muito mais procurado pelos habitantes, situado a uma milha da cidade. A estrada passa pela Quinta Real de São Cristóvão, construída depois da vinda do monarca e que se tornou, com o embelezamento dos jardins circunstantes, uma bela residência. Caminha-se entre sebes de cactos, lautanas, buganvílias, córdias, tournefórtias e mimosas lebelas, de onde surgem aqui e ali as agaves com os seus altos pendões floridos. (Lebrun Jauve, 1987)

Como bons naturalistas, ao descrever a paisagem, Spix e Martius iam mostrando suas destrezas profissionais, assim como assinalavam um detalhe importante: a floresta não ficava por demais apartada do Paço de São Cristóvão, onde morava o príncipe. Mas vale a pena deixar os estrangeiros narrarem seu passeio:

> Causa prazer notar nestes sítios paradisíacos já os vestígios do adiantamento europeu; terras ativamente cultivadas e casas de campo. Pelas encostas da montanha que aciona diversos moinhos, chega-se finalmente à altura onde se é recompensado por maravilhosa vista do bairro plano de São Cristóvão (...) Antes do amanhecer do dia, seguíamos na direção do ruído das águas, e chegamos, exatamente quando o sol nascia, a uma alta parede de rocha, da qual se despenha um riacho cristalino, perdendo-se parte em poeira de água, na profundidade de quase cem pés, na grota abaixo. O espetáculo desse cenário fez-nos lembrar as cascatas de Nápoles e de Tívoli, os encantos da natureza parecida, porém muito menos majestosa e luxuriante. No fundo do vale e perto da queda d'água está uma casita singela, hospitaleira, no qual nos saudou o sr. De Taunay, pintor francês muito respeitável, que, retirado na solidão, vive ali com a família, no seio da bela natureza. Com muito pesar deixamos o encantador sítio e prosseguimos na nossa excursão... (Spix e Martius, 1965:73-74)

A longa descrição de Spix e Martius resume elementos dispersos do imaginário que cercava a família Taunay. O pintor encontrava-se rodeado de correligionários, mas insistia em se dizer isolado nos seus trópicos "selvagens", ao menos na projeção. De toda maneira, a cascata de Taunay oferecia um espetáculo "majestoso e luxuriante", sem igual no repertório cultural dos naturalistas, e sintetizava a visão de natureza que nosso artista procurava aqui encontrar. Sem dúvida, Taunay havia ido ao encontro de "seus trópicos".

Por essas e por outras, o local se converteria no cenário certo para uma série de telas. Lá Taunay gravaria a natureza estupenda dos trópicos e a beleza edênica de sua vegetação. Prova maior desse tributo é exatamente a tela Cascatinha da Tijuca (figura 7).[25] A pintura tem significado especial dentro da obra de Taunay não só por conta de sua qualidade, como da temática selecionada. Ícone dos anos de estada do pintor no Brasil, nela, uma espécie de drama dos trópicos se revela, assim como certo "mal-entendido". O quadro apresenta em primeiro plano e ao centro o próprio artista, com fraque, cartola, cavalete, paleta e tela, sendo observado por dois escravos, em pé e à sua direita. Além deles, um cachorrinho se movimenta, desviando a atenção da situação principal. Por sinal, não se sabe ao certo o que o cão faz nessa cena. Talvez fosse apenas uma marca do artista e de sua arte; e afinal essas figuras pequenas surgiam até mesmo nas imensas telas de batalha do artista. Mas o cão é ainda uma alegoria da fidelidade, o que bem poderia simbolizar essa qualidade também encontrada em terras do Novo Mundo.[26] Os cachorros, além do mais, surgiriam como guias entre dois mundos, o que faria todo o sentido nessa experiência americana de Taunay. Por fim, cachorros também representariam, nas alegorias ocidentais, a ideia de companheirismo e sacrifício.[27] Assim, nem tão ingênua era a introdução do cachorro, que poderia personificar a própria situação de Taunay: sua experiência que entendia como um "sacrifício" entre dois mundos.

Mas os elementos presentes nesta tela são muitos. Mais à esquerda, um guarda-sol aberto e jogado de forma displicente no chão simboliza o sol do Brasil e sua luminosidade. Toda a cena surge emoldurada pela

---

[25] Hoje exposta no Museu do Primeiro Reinado, na cidade do Rio de Janeiro.
[26] O cachorro aparece numa série de mitologias ocidentais e simboliza a associação entre a água, a terra e a lua, além de estar vinculado à ideia de crescimento. Companheiro na luz do dia, o cachorro é o guia na escuridão da morte.
[27] Chevalier e Gheerbrant (1994:296-303). Os autores trabalham com diferentes representações dos cachorros em culturas distintas. Limitamo-nos a introduzir as alegorias ocidentais do século XVIII e inícios do XIX.

floresta, essa imensa vegetação tropical onde reside o pintor. Coqueiros tomam a cena e se espalham pelo desenho, definindo uma vegetação sem igual. Logo atrás vemos uma queda d'água, evidentemente destacada pela luz que propaga, e que dá o nome ao quadro. Em segundo plano, ao fundo da tela à esquerda, surge um homem que aparece apenas delineado, montado sobre um burro de carga e acompanhado por um escravo que carrega um instrumento às costas assemelhado a uma enxada. Essa última imagem não é muito nítida; trata-se apenas de um contorno de pequenas miniaturas, bem ao estilo Taunay. À frente destes, vários burros de carga. É como se o homem sobre o cavalo e o escravo (a pé) representassem o espaço restrito da mão de obra nessa colônia da labuta forçada. O gado também simboliza a bondade, a tranquilidade e a força pacífica, elementos que bem combinariam com a representação presente na tela de Taunay (Chevalier e Gheerbrant, 1994:730). Dessa maneira, enquanto o trabalho escravo não poderia ser idealizado, ou se constituir em elemento para uma nacionalidade devidamente idealizada — como priorizaria certa tradição de retorno à paisagem no século XIX —, já os diferentes elementos que vão compondo o grande cenário de Taunay — tal qual uma apresentação de teatro — constituem, sem dúvida, um conjunto memorável. Ao lado de Taunay estão, porém, dois escravos; quem sabe os dois escravos que teve oportunidade de comprar, para trabalhar o café. Nos documentos, o artista lamenta "ser forçado" a adquirir cativos, "única mancira dc trabalhar a terra". Sempre ambíguo, se separa e se aproxima dessa realidade. Mas, coincidência ou não, esses dois escravos que ladeiam o pintor não trabalham; ao contrário, cruzam os braços e observam a pintura nessa atitude rousseauniana de aprender com o estudo da pintura.

Assim, se o trabalho escravo não pode ser engrandecido, ele é porém esperança, para esse homem da ilustração, que parece nunca duvidar dos ganhos da civilização. Mas o que mais se destaca é uma visão encantada da natureza. A tela é idealizada na luz que apresenta e nos trópicos — quase falsos de tão fortes — que procura retratar. A fonte de água, no centro do quadro, espalha-se tal qual imagem luminosa; difundindo a luz da manhã, que se confunde com a bruma da mata tropical. A paisagem americana parece rememorar, assim, a imaginação arcádica e poética classicista, longe da experiência de ruptura europeia. Nessa tela, a figura pequena do pintor contrasta com a imensa natureza, representada pela árvore tropical em primeiro plano e pelo panorama enevoado ao fundo. Trata-se quase de um autorretrato, e Taunay se apresenta diminuto diante da majestade da natureza brasileira. Em vez de se fazer representar em seu ateliê, ou em qualquer outro lugar vinculado à sua prática profissional, escolheu a natureza do Brasil como seu "ambiente de trabalho". Por outro lado, Taunay não olha para a paisagem, ao contrário, fita a sua própria tela e ele e seus escravos dão as costas para a cascata, que oferece nome à pintura. Além do mais, a tela é horizontal, sendo a cascata vertical.

Como vemos, a pintura que o artista realiza apenas pelo seu reverso nos é inacessível e nos constrange a entrar no quadro, ocupando uma posição ao mesmo tempo privilegiada e obrigatória.[28] Somos espectadores de um grande espetáculo protagonizado pela natureza do Brasil. Aqui tudo parece uma homenagem à própria representação e ao ato de pintar. Aqui temos um teatro da representação; uma espécie de simulacro. A natureza surge como catedral e há aqui uma representação da representação: o pintor não pinta a paisagem: é parte dela. Por outro lado, uma grande árvore assume um plano igualado ao do pintor, representando uma espécie do Novo Mundo, ou uma alegoria dos trópicos. O mesmo ocorre com os animais. É fato que a presença dos bichos reitera a destreza artística de Taunay, assim como refaz uma cena pastoril da rusticidade ideal arcádica e dá familiaridade à representação. Não obstante, os animais pastoris poderiam caracterizar também os trópicos: a paciência que se tinha diante dessa (quase) civilização, assim como sua "robustez natural".

Dessa maneira, a natureza em Taunay não lembra só o debate com a arcádia. Revela uma paisagem classicista que dialoga, agora, com o ambiente "natural" dos trópicos, sem ser uma tela de tema histórico, ou muito menos mitológico. E tudo vem emoldurado pela luz dos trópicos. Por sinal, e como define a historiadora da arte Ana Maria Belluzzo (1994:192), Taunay parece não estar interessado em apenas representar

---

[28] A observação acerca da tela virada foi inspirada pela análise de Foucault para a tela de Velasquez, quando uma situação semelhante também se apresenta (Foucault, 1998:6). Também Goya pintaria a família de Charles IV, autorretratando-se mais à esquerda, tendo à frente uma tela virada para o espectador.

a paisagem, mas quer antes interpretá-la a partir dos efeitos do contraste luminoso. A luz retrata o amanhecer, como se marcasse um estado difuso da cor. Um retrato do retrato; uma representação da representação e da dificuldade de representar.

Segundo Luciano Migliaccio, a tela como um todo é um testemunho quase comovente do diálogo de Taunay com uma natureza imaginada e projetiva. Minúsculo, mergulhado na paisagem grandiosa, o artista adquire o aspecto de um herói, concentrado como está em retratar uma palmeira com os humildes instrumentos de seu ofício (Migliaccio, 2000:52-53). A seu lado, seus dois escravos. Dificilmente se poderia expressar melhor o valor da educação pela observação — tal qual enaltecia Rousseau —, bem como a emoção diante da voz da natureza. É uma nova nação que nasce na tela e nela uma natureza singular cumpre o papel seguro da nacionalidade que vingará nos trópicos. A observação do exótico transporta para uma Europa ancestral o efeito pitoresco do Novo Mundo. Nesse caso transparece um tributo à natureza difícil do Brasil, em meio à qual não se é tanto sujeito, como objeto da reflexão: aqui se contempla. Era o artista que se submetia à supremacia da natureza. Tudo é diminuto: o pintor é central como ideia, mas fica reduzido no meio da tela, insignificante perante a natureza.

Mas é possível voltar à nossa análise social da tela.[29] Como mostra Pedro da Cunha Menezes, longe dos trópicos indomados vimos que, quando o pintor mudou-se para o local, a Tijuca já não era mais uma floresta tropical. Ao contrário, é possível dizer que estamos diante de uma "natureza dominada pelo homem". Na época em que o artista elegeu habitar na Tijuca havia ali um disciplinado conjunto de propriedades cafeeiras, a maioria pertencente a franceses e ingleses recém-estabelecidos no Brasil. Por sua vez, Taunay parece ter procurado os altos da Boa Vista não só para desfrutar do clima mais ameno da montanha, mas também para garantir mais um ganha-pão. Era, porém, difícil se manter na área, e em carta datada de 30 de agosto de 1819 Taunay comentava sobre seus dissabores:

---

[29] Agradeço a Pedro da Cunha e Menezes por esses comentários, por ocasião da publicação de meu artigo na revista *Nossa História* n. 4.

(...) O senhor bem imagina, meu caro e digno amigo, que eu desejo vendê-los para obter os capitais necessários para reerguer minha pequena fortuna, cujos últimos restos foram utilizados para comprar uma pequena propriedade de café, quase abandonada e cuja restauração me produz pelo menos um terço do pequeno capital que foi investido (...) No entanto, infelizmente é preciso ter negros e para obter negros é preciso ter dinheiro e é por isso que eu lhe envio os 20 quadros (...).(Lebrun Jauve, 2003)

Como se vê, Taunay, que em sua carta se considerava "*um amant de l'égalité*", havia se rendido aos costumes locais: já tinha três "*nègres*" e desejaria adquirir mais um, para obter um bom rendimento com sua plantação. A propriedade da Cascatinha da Tijuca era descrita como tendo 422.000m² e a queda d'água uns 70 a 90 metros de altura: a natureza ajudava, mas a mão de obra não. O artista terminava sua carta se definindo como um "*fugitif*"; um fugitivo da Restauração, um exilado em terras do Novo Mundo.[30]

Sobressai-se, dessa maneira, o olhar romântico do pintor que recria, na representação, os *seus* trópicos. Afinal, quando Taunay chegou à Cascatinha, a floresta da Tijuca já não era mais nenhum paraíso natural intocado. Pelo contrário, destacava-se por abrigar o que havia de mais avançado no setor agrário no Império. Acima da Cascatinha, o conde Gestas — como sabemos, um amigo de Taunay — plantava café e frutas. Sua residência bem cuidada recebia frequentes visitas de d. João, que parecia gostar da região e não poucas vezes a visitou. Como mostra Pedro Menezes, ainda, o conde de Gestas chegou ao Rio de Janeiro em 1810, com a idade de 24 anos, e, depois de aconselhar-se com conterrâneos, decidiu plantar café nos arredores da cidade. Escolheu para isto um terreno na serra da Tijuca, onde construiu sua fazenda, que batizou de Boa Vista. Com o auxílio do trabalho de 17 escravos plantou café e cana-de-açúcar, sendo também o responsável pela reforma da picada que ligava sua propriedade ao Rio de Janeiro. O sucesso econômico do conde foi tão grande que atraiu logo outros estrangeiros, entre eles, Mocke e Lecesne, além de alguns brasileiros, como o sr. José Lopes da

---

[30] Carta datada de 30 de agosto de 1819 e encontrada no Arquivo da Escola de Belas Artes (RJ). O material foi coletado por Claudine Lebrun-Jouve, em 1987.

Fonseca e o sr. Antonio Pedro, que também adquiriram propriedades perto do local. Em breve, a floresta da Tijuca foi sendo posta abaixo e, em lugar das árvores, plantados pés de café. Luccock conta em seu livro que, em 1813, "a população crescente da Cidade foi motivo para que muito do seu mato se convertesse em carvão e seu solo se aproveitasse para a produção de um vegetal esculento que medra aí luxuriante" (Luccock, 1819:89). Tamanha sanha de plantar logo degradou as encostas das serras da Carioca e da Tijuca. Para contornar o problema, já em 1817 o governo real baixou atos administrativos proibindo a derrubada de árvores nas imediações dos dois principais mananciais de água do Rio de Janeiro: os rios Paineiras e Carioca. A propriedade de Mocke era considerada na época um modelo de tecnologia aplicada à terra. Ernst Ebel, que esteve na Fazenda Nassau na década de 1820, chegou a contar mais de 100 mil pés de café (Ebel, 1972:130).

Assim, definitivamente, o recanto de Taunay não era nem isolado, nem tão selvagem como idealizava o pintor: a terra não só era tomada por agricultores (em sua maior parte estrangeiros), como seu uso desordenado já provocara os primeiros desastres. Por exemplo, no lado esquerdo da tela, podem ser vistos sinais de um desmoronamento, causado pela supressão da vegetação. Do outro lado da estrada, próximos a uma parede de pedras, outros sinais parecem indicar deslizamentos. À frente do artista vemos uma bananeira, espécie que nada tem de mata atlântica e que indica, ao contrário, a intervenção do homem em busca de árvores frutíferas com maior valor comercial. Também a árvore que notamos atrás de Taunay parece ser uma mangueira, estranha àquela região. Analogamente, os bois que parecem estar sendo tocados por dois escravos sobem a estrada em direção ao Alto do Mesquita e ao (atual) Bom Retiro, indicando a existência de pastos e currais acima da Cascatinha.

Interessante é que não se observa no óleo de Nicolas-Antoine, índios, papagaios, cobras, macacos ou florestas frondosas como as retratadas por Rugendas e mesmo por seu filho Aimé-Adrien Taunay, que seriam representativos do olhar europeu sempre atento à pujança dos trópicos.[31] Até mesmo Arago, representando a propriedade de Taunay, deu um jeito,

---

[31] Johann Moritz Rugendas (1802-58) veio ao Brasil como desenhista da missão científica chefiada pelo barão de Langsdorff. Logo se desligou do grupo e sozinho passou a viajar pelo interior do país.

como vimos, de incluir um papagaio nas mãos do escravo (figura 8). Já Nicolas parece ter propositalmente evitado tal tipo de caracterização. Fez questão de pintar uma natureza sem os extremos dos trópicos, tão descritos por outros viajantes. Exagerou, porém, o tamanho da ponte em arco — tal qual arco do triunfo, ou registro de civilização em meio à barbárie — sobre o rio Tijuca e teve o cuidado de alinhar em perfeita harmonia as rochas que rolaram montanha abaixo. O cenário é assim "naturalmente artificial", uma vez que maquiado e idealizado pelo artista.

Taunay, cujo nome permaneceu ligado à propriedade da Tijuca, parece ter mantido a percepção de que uma floresta disciplinada seria o único modelo que uma nação civilizada poderia aspirar. Tal qual os jardins franceses — que por sua ordem se contrapunham aos ingleses —, também a Tijuca representava a natureza controlada pelo homem: o ideal da floresta domada, tão em voga na Europa e praticada nos jardins franceses.[32] O fato é que Taunay, até mesmo nesse aspecto, se mantinha fiel ao classicismo e às normas francesas e fazia de seu jardim uma pequena Versalhes ou se inspirava nos parques do recanto predileto de Josefina: Malmaison. É certo que o ambiente não era geométrico como o modelo de André le Notre; no entanto, a visão do pintor manipula e transforma a floresta em jardim. Aí estava o modelo da paisagem em forma de jardim, um símbolo de elevação social nesse contexto em que também esta prática virava uma arte cultivada. A imperatriz contratara o grande teórico da jardinagem — Jean-Marie Morel —, que reformara os jardins de Malmaison, os quais Taunay tivera oportunidade de conhecer (DeLorme, 2005).

Ordenada seria também a natureza de Taunay, que incluía inclusive águas "naturalmente" em movimento e manipuladas a partir do olhar de Nicolas. Na tela, o pintor introduziu os animais de sua familiaridade, assim como as árvores que estudara e os arranjos — como a ponte que reproduz e aumenta como se fosse um arco da antiguidade — que faziam parte dos famosos jardins franceses. Os trópicos da sua propriedade eram, assim, "seguros", controlados, intimistas, tal qual uma paisagem aprazível de Lorrain. Era o modelo da paisagem idealizada que se transformava em realidade a partir, também, do diligente trabalho do homem. Talvez os trópicos fossem arriscados demais para caber na

---

[32] Ver, nesse sentido, Lefebvre (1928), Larthomas (2001) e Dantas (2007).

palheta de Taunay. Seria melhor se inspirar nos jardins e paisagens que conhecera em Paris e nos quais passeara.

O conjunto das telas brasileiras de Taunay expressa esse drama da ambiguidade da vida do Rio de Janeiro. É certo que por aqui o artista formara uma espécie de repertório iconográfico construído a partir de certos elementos recorrentes no seu conjunto de telas brasileiras: escravos, montanhas, igrejas, a nobreza local, árvores familiares e espécimes tropicais, animais, barcos com as velas ao vento e muita luz. Mas a ambiguidade do artista manifestava-se sempre e não só diante dessa sociedade que naturalizava a posse de um homem por outro; dessa relação que era, a um só tempo, de intimidade e de profundo distanciamento. Também Taunay trataria de maneira ambivalente aos seus "trópicos escravos". De um lado, contava com eles para ganhar mercado na sociedade parisiense, que andava interessada nesse Novo Mundo, nas suas "gentes estanhas" e na arte colonial. No entanto, os trópicos pareceriam "deslocados" nas telas de Taunay. Afinal, Taunay mantém-se como um observador longínquo, que se deixa contaminar pela paisagem local, mas a traduz em seus próprios termos feitos de muitos empréstimos e circulações. Estava no Brasil como se permanecesse, bem fincado, na Europa. Os escravos presentes em boa parte das telas representam, pela diferença que inauguram, esse Brasil estranho e estranhado por Taunay. Nesse sentido, estão lá, mas é como se não estivessem, tal o grau decorativo que recebem. Mas, por outro lado, inesperadamente "seus negros" podem bem estar lado a lado com Taunay. Lá está o velho Taunay, ladeado por seus escravos em diferentes situações e também ele participando de certo anonimato, que lhes é comum.

Nicolas bem que adquiriu seus *nègres*, apesar de continuar lamentando ser esse o costume na terra. No entanto, se os cativos aparecem em "excesso" no conjunto das obras que Taunay produziu no Brasil, também surgem como "falta". Constam reiteradamente nas telas brasileiras, mas muitas vezes, de tão "naturais", acabam por fazer parte e se imiscuir na "paisagem" do país. Paisagem carregada de traduções, ressignificações, deslocamentos e conceitos teóricos e visuais em trânsito. São, sobretudo, objetos da representação de Taunay, jamais seus sujeitos. Quem sabe, em sendo e se definindo sempre — e obstinadamente — como "um francês na corte dos portugueses", esses fossem, mesmo, seus "dilemas brasileiros".

Referências

ALPERNS, Svetlana. *A arte de descrever*. São Paulo: Companhia das Letras, 2010.

ANDREWS, Malcolm. *Landscape and Western art*. Oxford: Oxford University Press, 1999.

AULER, Guilherme. Contribuição para o centenário de Nicolas-Antoine Taunay. *Tribuna de Petrópolis*, Petrópolis, 1955.

BAXANDALL, M. *Padrões de intenção*. São Paulo: Companhia das Letras, 2008.

BELLUZO, Ana Maria de Moraes. *O Brasil dos viajantes*. São Paulo: Metalivros, 1994. v. 3.

CHEVALIER, Jean; GHEERBRANT, Alain. *The Penguin dictionary of symbols*. Nova York: Penguin Books, 1994.

DANTAS, Regina Maria Macedo Costa. *A casa do imperador*: do Paço de São Cristóvão ao Museu Nacional. Dissertação (mestrado em memória social) — Universidade Federal do Estado do Rio de Janeiro, Rio de Janeiro, 2007.

DELORME, Eleanor P. *Joséphine and the arts of the Empire*. Los Angeles: The J. Paul Getty Museum, 2005.

DENIS, Ferdinand; TAUNAY, Hippolyte. *Le Brésil, ou, Histoire, mœurs, usages et coutumes des habitans de ce royaume par M. Hippolyte Taunay, correspondant du Musée d´histoire naturelle de Paris, et M. Ferdinand Denis, membre de l´Athenée des Sciences, Belles-Lettres et Arts de Paris. Ouvrage orné de nombreuses gravures d´après les dessins faits dans le pays par M. H. Taunay*. Paris: Nepveu, Passage des Panoramas, 26, 1822. 6 v.; v. I: xvi, 236 p. 2 pranchas; v. II: 276 p. 7 pranchas; v. III: 204 p. 5 pranchas; v. IV: 299 p. 18 pranchas; v. V: 337 p. 5 pranchas; v. VI: 281 p. 9 pranchas.

EBEL, Ernst. *O Rio de Janeiro e seus arredores em 1824*. Tradução e notas de Joaquim de Sousa Leão. São Paulo: Cia. Ed. Nacional, 1972.

FOUCAULT, Michel. Las meninas. In: ____. *Arqueologia do saber*. São Paulo: Martins Fontes, 1998.

FRIEDLANDER, Walter. *De David a Delacroix*. São Paulo: Cosac & Naify, 2001.

GINZBURG, Carlo. *Indagações sobre Piero*: o Batismo, o Ciclo de Arezzo, a Flagelação. São Paulo: Paz e Terra, 1989.

GOMBRICH, Ernst H. *Art and illusion*. Londres: Phaidon Press, 1960.

____. *Arte e ilusão*: um estudo da psicologia da representação pictórica. São Paulo: Martins Fontes, 1995.

GOMES JÚNIOR, Guilherme Simões. *Sobre quadros e livros*. Rotinas acadêmicas — Paris e Rio de Janeiro, Século XIX. São Paulo, PUC, 2005.

JOUVE, Claudine Lebrun. *Nicolas-Antoine Taunay*. Paris: Arthena, 2003.

LARTHOMAS, Jean-Paul. Le jardin selon Shaftesbury: une origine possible du romantisme. In: ____. *Histoire de Jardins, lieux et imaginaire*. Paris: Universitaires de France, 2001.

LEBRUN JAUVE, Claudine. *8 lettres de Taunay*. Paris: s.n., 1987.

____. *Nicolas-Antoine Taunay*. Paris: Arthena, 2003.

LEFEBVRE, Georges. *Plantations, parcs et jardins publics*. Paris: Duno, 1928.

LUCCOCK, John. *Notes on Rio de Janeiro and the Southern parts of Brazil taken during residence of the years in that country, from 1808-1818*. Londres: s.n., 1819.

MIGLIACCIO, Luciano. O século XIX. In: MOSTRA DO REDESCOBRIMENTO, 2000, SÃO PAULO. *Arte do século XIX*. Organização de Nelson Aguilar; coordenação de Suzanna Sassoun; curadoria de Nelson Aguilar, Luciano Migliaccio, Pedro Xexéo; apresentação Edemar Cid Ferreira; tradução de Roberta Barni, Christopher Ainsbury, John Norman. São Paulo: Fundação Bienal de São Paulo; Associação Brasil 500 Anos Artes Visuais, 2000.

PANOFSKY, Erwin. "A história da arte como uma disciplina humanística" e "Iconografia e iconologia: uma introdução ao estudo da arte da Renascença". In: ____. *Significado nas artes visuais*. São Paulo: Perspectiva, 1991.

PREVSNER, Nikolaus. *Academias de arte*: passado e presente. São Paulo: Companhia das Letras, 2005.

SAINT-ADOLPHE, J. C. R. Milliet de. *Dicionário geográfico, histórico e descritivo do Império do Brasil*. Paris: J. P. Aillaud, 1845.

SANTOS, Luiz Gonçalves dos. *Memórias para servir à história do Reino do Brasil*: anotações. Prefácio e anotações de Noronha Santos. Brasília, DF: Senado Federal/Conselho Editorial, 2013. v. I.

SCHWARCZ, Lilia. *O sol do Brasil*. São Paulo: Companhia das Letras, 2008.

____; DIAS, Elaine. *Nicolas-Antoine Taunay no Brasil*. Uma leitura dos trópicos. Rio de Janeiro: Sextante, 2008. Catálogo ilustrado.

SCHWARZ, Roberto. *Ao vencedor as batatas*. São Paulo: Duas Cidades, 1977.

SPIX, João Baptista; MARTIUS, Carlo Frederico von. O pintor Taunay na solidão. In: BANDEIRA, Manuel; ANDRADE, Carlos Drummond de. *Rio de Janeiro em prosa e verso*. Rio de Janeiro: Livraria José Olympio, 1965. v. 5.

STAROBINSKY, Jean. *Os emblemas da razão*. São Paulo: Companhia das Letras, 1989.

TAUNAY, Afonso de Escragnolle. *A Missão Artística de 1816*. Brasília: Universidade de Brasília, 1956.

TAUNAY, Theodore. *Idylles brésiliennes*. Traduzido do português para o francês por Félix-Émile Taunay. Rio de Janeiro, 1830.

WÖLFFLIN, Heinrich. *Renascença e Barroco*. São Paulo: Perspectiva, 2000.

CAPÍTULO 5

Desenvolvendo pesquisa sobre intercâmbios transatlânticos: o exemplo da New School for Social Research*

Cherry Schrecker
Université de Lorraine, 2L2S, France

A PESQUISA sobre os modos como as ideias viajam tem sido realizada com referência a uma série de pontos de interesse. A atenção tem sido focada nos "portadores" (Lazarsfeld, 1969:271), que são as pessoas que viajam trazendo as ideias consigo. Suas histórias têm sido contadas de várias formas, inclusive autobiografias, biografias ou prosopografias. As pessoas viajam por uma série de razões, como visitas culturais e acadêmicas ou emigração e exílio.[1] Outros pontos focais podem ser fatores disciplinares (ideias, conceitos, teorias, métodos, tradições) como aqueles delineados por Levine (1995) ou as ideias das pessoas. As de Simmel, por exemplo, são examinadas por Jaworski (1995 e 1998) e Levine e colaboradores (1976), que mostram, respectivamente, a aplicação diferencial das teorias de Simmel nos Estados Unidos e o modo como o interesse por essas teorias tem variado ao longo do tempo. Várias formas de mídia, como filmes, jornais acadêmicos ou livros, têm também sido examinadas como meios pelos quais as ideias são transmitidas e transformadas. Alguns exemplos de livros são, em primeiro lugar, *Introduction to the science of sociology* (Park e Burgess, 1921), no qual os autores reuniram um grande número de textos — e, portanto, ideias — de todas as partes do mundo. Uma abordagem diferente é adotada por Talcott Parsons em *The structure of social action* (Parsons, 1937), no qual o autor desenvolve sua própria teoria com referência àquelas de vários autores europeus (Durkheim, Marx, Weber e Pareto).[2] O livro é

---
* Tradução de Chantal Castelli.
[1] Vários exemplos de viagens podem ser encontrados em Schrecker (2010).
[2] Ver Lidz (2010) para mais detalhes sobre esse assunto.

famoso, naturalmente, por ter introduzido esses autores europeus na sociologia americana. O livro *The social construction of reality* (Berger e Luckmann, 1966), que vou examinar mais de perto adiante neste artigo, desenvolve semelhantemente uma perspectiva teórica inspirada por vários autores na ou da Europa e por alguns americanos também. Existem, é claro, muitas outras possibilidades para o estudo do movimento das ideias, incluindo a pesquisa sobre associações acadêmicas e, naturalmente, instituições, entre as quais as fundações que financiam a pesquisa (Tournès, 2010), grupos de pesquisa e escolas (Wheatland, 2009), universidades nas quais a pesquisa acontece e em cujo âmbito as ideias são transmitidas; ou a pesquisa sobre sociologias nacionais como entidades (Nedelmann e Sztompka, 1993). Esta lista está longe de ser exaustiva.

Os princípios aplicados

Meu interesse particular dentro desse domínio tem sido o movimento de ida e vinda das ideias entre o continente europeu e a parte do continente americano ocupada pelos Estados Unidos. Alguns aspectos desse movimento serão examinados aqui com referência à New School for Social Research ["Nova Escola para Pesquisa Social"], uma universidade privada em Nova York.

O estudo da New School foi originalmente realizado como uma monografia histórica, e não foi pensado como uma pesquisa sobre a viagem ou o diálogo transatlântico. De todo modo, a influência do pensamento e personalidades europeias na escola, desde o início e em todos os níveis de atividade, é tão variada e numerosa que desenvolver este aspecto de sua história acabou por se mostrar muito interessante. Muitas das ideias que inspiraram a fundação da escola e foram ali desenvolvidas originaram-se na Europa e foram adaptadas, de forma mais ou menos bem-sucedida, às circunstâncias americanas. As pessoas que foram da Europa para lá também se integraram com níveis diferentes de sucesso.

No que se refere à história da escola, mostrarei como as relações recíprocas entre Europa e Estados Unidos afetaram suas estruturas e atividades de várias maneiras. As ideias europeias tornaram-se a base de sua tradição intelectual e uma parte integral de sua imagem institucional. O primeiro momento a que nos referimos é a fundação, seguido pelas circunstâncias que levaram à criação de uma nova divisão chamada Graduate Faculty of Political and Social Science ["Faculdade de Pós--Graduação em Ciência Política e Social"]. Em seguida nos voltaremos a um exemplo disciplinar mais específico no domínio da sociologia. Mas, primeiramente, faremos uma breve descrição dos modos como a pesquisa foi conduzida.

Nota metodológica

Diversos tipos de fontes foram consultados para o estudo da New School. O primeiro deles é material publicado. Entre as publicações disponíveis estão duas extensas monografias (Rutkoff e Scott, 1986; Krohn, 1993) e alguns artigos descrevendo momentos da sua história (tais como Benita Luckmann, 1981; Zolberg e Callamard, 1998). Outras fontes publicadas incluem capítulos sobre a escola escritos por pessoas que ali trabalharam, incluídos em suas autobiografias ou em diversos trabalhos coletivos. Muitos livros sobre intelectuais exilados durante a ocupação nazista da Alemanha e, mais tarde, do resto da Europa (por exemplo, Fermi, 1968; Coser, 1984; Flemming e Baylin, 1969) mencionam a New School e sua importância como um ponto de chegada para muitos acadêmicos emigrados. É claro que há também a extensa produção acadêmica de membros e ex-membros da escola, publicada em revistas fundadas na escola, incluindo dois periódicos bastante conhecidos: *Social Research* e *Politics, Culture and Society*. O primeiro foi fundado com aquele propósito.

Uma segunda fonte de informação foi o material de arquivo. Os principais arquivos consultados foram o Rockefeller Archive Center, os New School Archives, a New York Public Library e o Wissenschafts Archiv Konstanz. Outros arquivos, consultados *on-line*, incluem os das universidades de Albany e Nebraska.

Entrevistas com membros e ex-membros da New School — 32 entrevistas com um total de 37 pessoas — são a terceira fonte de informação.

O mais antigo membro da escola entrevistado foi Claude Lévi-Strauss, que estava presente no início dos anos 1940. Peter Berger e Thomas Luckmann também concordaram em falar sobre sua experiência ali, assim como vários membros mais recentes da administração, do corpo docente e do corpo estudantil. As entrevistas ajudaram a capturar o espírito da instituição, tal como era, a partir de dentro. Aqui estão alguns resultados e conclusões extraídos desses materiais.

Um panorama histórico

Para colocar a discussão sobre a transferência de ideias em contexto, é oportuno aqui um breve histórico. A New School for Social Research foi fundada em 1919 por iniciativa de um grupo de dissidentes intelectuais. Entre aqueles presentes desde o início estavam Charles Beard e James Harvey Robinson (ambos os quais haviam recentemente se desligado da Columbia University), Alvin Johnson, John Dewey, Herbert Croly (editor do periódico *The New Republic*), Caroline Bacon e Thorstein Veblen. Os fundadores achavam que algo estava muito errado com o sistema universitário americano de sua época. As falhas incluíam a ausência de liberdade de expressão; as universidades eram administradas por empresários à maneira de companhias comerciais (Veblen 1918); elas estavam mais preocupadas com fatores sociais (incluindo a manutenção de um *status* social desigual e a organização de vários eventos sociais) do que com o acesso ao conhecimento. Os fundadores da New School procuraram oferecer uma alternativa.[3] Achar que há algo errado no modo como as coisas estão e propor um novo modo de fazê-las é frequentemente apontado como uma razão para a fundação de universidades (Hughes 1971).

Para resumir a história, a New School foi primeiramente um centro para a educação de adultos que com o tempo se tornou uma universidade. Ela continuou a expandir-se ao longo dos anos. Por vezes novas divisões ou faculdades foram fundadas como parte da Escola; em outras ocasiões, instituições já existentes foram adicionadas. Ela é agora uma

---

[3] Descrita em vários documentos, como *Proposal for an independent school of social science*. Nova York: The Marchbanks Press, 1918. New School Archives.

universidade plenamente desenvolvida, composta de sete "divisões" e com mais de 10 mil estudantes e em torno de 450 membros da equipe em regime de tempo integral e 1.750 em regime de meio período.[4]

A New School e as ideias europeias

A influência europeia alimentou a New School e pode ser observada em diversos aspectos. Um deles é pela estrutura institucional criada para incorporar os princípios que motivaram os fundadores (e com os quais a instituição ainda hoje se identifica, mesmo que tenha se transformado ao longo de quase 100 anos de existência). O objetivo declarado dos fundadores era garantir a liberdade que eles sentiam faltar na maioria das universidades do seu tempo, a qual eles consideravam uma base necessária para a pesquisa científica. Eles também desejavam estabelecer uma pedagogia criada para promover a democracia.

Ideias e educação

Muitos dos fundadores da New School tinham conexões com a Europa. Um deles, Charles Beard, havia estudado na Oxford University no início do século XX (Beard, s.d.). Antes de 1921, outro fundador, James Harvey Robinson, havia concluído seu doutorado na universidade de Freiburg, na Alemanha. Alvin Johnson, que logo se tornaria diretor da Escola, afirma que ele e Herbert Croly conheciam a Inglaterra por um colega, Harold Laski (Johnson, 1952). Um dos modos de as ideias viajarem é, naturalmente, por meio do contato com os pares em um grupo.

Como resultado de seus contatos com a Europa, os fundadores tomaram conhecimento sobre diversos projetos experimentais que haviam sido conduzidos no "velho continente". A seguir, eis um pequeno detalhamento dos modelos aos quais eles se referiram ao elaborar e pensar sobre seu projeto.

---

[4] *The New School fact book*, Office of Institutional Research. Outono 2010.

1. O primeiro é o movimento de educação popular e o movimento do *Labour College*. Isto inspirou a ideia de educar adultos de modo a promover seu envolvimento esclarecido nos processos democráticos. Por uma série de razões, o estudante ideal da New School deveria ser o adulto inteligente, já educado, ao invés dos jovens recém-saídos da universidade.
2. O segundo modelo é a Ecole Libre des Sciences Politiques francesa. Ela foi fundada por Emil Boutmy e um grupo de cidadãos independentes que queriam entender os processos políticos envolvidos na guerra de 1870 na Europa, que acabou com a derrota dos franceses, a fim de prevenir guerras futuras. A ELSP era independente do controle estatal. Sua vocação era educar estudantes para entender a democracia e para propagar ideias democráticas. O princípio da independência e os objetivos relacionados à democracia foram adotados pela New School.
3. Em terceiro lugar, a London School of Economics era admirada por sua abertura à liberdade de expressão e sua liberdade do controle governamental. Novamente, essas condições eram consideradas importantes pelos fundadores da New School para a educação dos futuros cidadãos da democracia.
4. Em quarto e último lugar, a universidade alemã com sua liberdade de ensino e aprendizagem era já um modelo para as universidades de pesquisa americanas convencionais (Rudolf, 1962; Veysey, 1965). Os fundadores da New School concordavam que esses princípios não eram aplicados pela maioria das universidades americanas e resolveram que deveriam ser respeitados na New School.

Os fundadores deram ênfase considerável à liberdade acadêmica e política e à educação como meio de desenvolvimento social. Desde o princípio, o objetivo maior da escola era prover educação continuada para adultos maduros, e consideravam importante que os estudantes participassem na elaboração do programa de ensino. Já em 1921 o time original entrou em desacordo sobre as prioridades e organização da escola, e muitos se desligaram. Um membro bastante marginal do grupo original, Alvin Johnson, assumiu o lugar de diretor em 1923 (Johnson, 1952). Ele permaneceria associado à escola pelo resto de sua vida.

ALVIN JOHNSON[5]

---

[5] Spalek Papers, M. E. Grenander Department of Special Collections and Archives, University at Albany Libraries.

NEW SCHOOL FOR SOCIAL RESEARCH, 66 WEST 12TH STREET[6]

---

[6] Gostaria de agradecer à New School por ter fornecido a fotografia.

Outro elo com a Europa, do ponto de vista da estrutura, é o prédio construído em 1931 para abrigar a escola. Trata-se de um edifício influenciado pela Bauhaus (mostrado anteriormente), projetado pelo arquiteto austríaco Joseph Urban, "cuja proficiência incomparável nas artes e cuja vasta experiência em dois continentes assegurou a medida justa" (Johnson, s.d.:2). Uma característica essencial é que ele deveria refletir e promover os objetivos e ideias centrais da escola. A fluidez entre os espaços, por exemplo, simbolizava o acesso aberto às ideias e a ausência de limites rígidos entre as disciplinas.

Redes pessoais

Durante os anos de 1920, Johnson estava trabalhando na *Encyclopedia of the social sciences*, a qual acabaria sendo publicada em 17 volumes (Seligman e Johnson, 1930-35). Ela deveria incluir contribuições de outros membros da equipe da New School como Beard, Dewey e Roscoe Pound, bem como dos acadêmicos de Chicago, Thomas e Ogburn. Johnson havia também solicitado artigos de um grande número de acadêmicos europeus, incluindo Ernst Cassirer, Emil Lederer, John Maynard Keynes, Karl Mannheim e muitos outros. Ele havia visitado a Europa para encontrar-se com eles várias vezes durante os anos 1920 e, quando os nazistas chegaram ao poder na Alemanha em 1933, ele usou a rede que havia construído para localizar e contatar acadêmicos proeminentes que estavam em perigo.

O fascismo e a fundação de duas escolas europeias

Quando Hitler chegou ao poder na Alemanha, muitos acadêmicos judeus e dissidentes, que haviam sido destituídos de suas responsabilidades de ensino e pesquisa, foram forçados a abandonar seu país natal. Uma situação parecida surgiu mais tarde em muitos outros países europeus; dois exemplos importantes para a história da New School são o da Áustria após a *Anschluss* em 1938, e o da França ocupada pelo exército alemão em 1940. A despeito da ameaça que pairava sobre os intelectuais judeus, muitos países europeus eram reticentes sobre a concessão de asilo. O mesmo era verdade sobre a América, onde a imigração estava limitada por uma cota estabelecida com base na origem nacional e onde sentimentos antissemitas também eram muito difundidos.

Foi nesse contexto que Alvin Johnson fundou a "University in Exile" ["Universidade no Exílio"], logo renomeada como "Graduate Faculty of Political and Social Science", como uma divisão da New School for Social Research.[7]

A Faculdade foi aberta em 1933 e recrutou acadêmicos alemães emigrados, aos quais se juntaram mais tarde exilados de outros países europeus, como Áustria e França. A primeira fonte de apoio foram doações privadas, sendo o empresário Hiram Halle um grande contribuidor (Johnson, 1952). Mais tarde, a Rockefeller Foundation e outras organizações, como o Emergency Committee for Displaced Foreign Scholars ["Comitê de Emergência para Acadêmicos Estrangeiros Deslocados"], financiaram salários e custos de viagem para muitos acadêmicos, dos quais 175 vieram para a New School com vistos extracota. Não era fácil deixar a Europa naquela época, e podemos ver, pelas coleções nos Rockefeller Archives e na New York Public Library (muito numerosos para citar aqui), as dificuldades extremas encontradas pelos acadêmicos emigrados antes da chegada nos Estados Unidos. Algumas trocas em potencial jamais chegariam a acontecer, já que acadêmicos como Marc Bloch e Hedwige Hinze nunca deixariam a Europa.[8]

Quando abriu, a Graduate Faculty era composta por 10 acadêmicos,[9] número que logo aumentou para em torno de 20, permanecendo nesse patamar por um bom tempo.[10]

---

[7] Graduate Faculty Catalogue 1933-34. New School Archives.
[8] Rutkoff, Scott e Bloch (1981:277-303). As dificuldades encontradas pela historiadora Hedwig Hinze estão documentadas nos arquivos Rockefeller (R.G. 1, série 200, caixa 50, pastas 590 e 591, Refugee Scholars — Hintze Hedwig (German History), 1939-42; R.G. 1, série 500, caixa 20, pasta 203, Bibliotheque de Documentation Internationale Contemporaine — Hintze, Hedwig — (Bibliography, Refugee Scholar), 1933-35.
[9] 10 NAMED to staff of Exiles' College. *New York Times*, 2 set. 1933.
[10] Conforme pode ser verificado por meio da consulta aos catálogos de curso da Graduate Faculty, NSA.

A *GRADUATE FACULTY*[11]

Como podemos ver, a Guerra foi um fator muito importante em provocar trocas transatlânticas. Conforme Stuart Hughes (1987 [1966 e 1975]:1) escreveu nos anos 1970, "a migração de intelectuais europeus para os Estados Unidos, fugindo da tirania fascista, tinha finalmente se tornado visível como o mais importante evento — ou série de eventos — cultural do segundo quartel do século XX".

No catálogo de fundação da Graduate Faculty, a ênfase é colocada na relação acadêmica com a Europa. A University in Exile é descrita "como um centro onde métodos alemães serão apresentados tão livremente quanto eram apresentados na Alemanha",[12] e concebida como uma faculdade europeia na América. A intenção era expressamente não competir com instituições americanas existentes, mas servir "como

---

[11] Spalek Papers, M.E. Grenander Department of Special Collections and Archives, University at Albany Libraries.
[12] Gradutate Faculty Catalogue, 1933, NSA, páginas não numeradas.

um complemento às nossas próprias instituições de ensino superior".[13] Deste modo, as ciências sociais europeias foram trazidas para a América, onde permaneceram até certo ponto fora do currículo universitário americano enquanto assimilavam, ao mesmo tempo, a influência norte-americana e muito gradual e parcialmente alimentavam o pensamento e a prática americanos.

É preciso enfatizar que a Graduate Faculty não era a única universidade aberta à teorização europeia (as universidades de Columbia e Chicago são outras). Como já mencionei, as obras de vários autores foram usadas diferentemente em diferentes centros (Jaworski, 1998). A Graduate Faculty tampouco era a única escola europeia aberta na New School: uma universidade francesa, L'École Libre de Hautes Études, foi inaugurada em 1942 e ocupada por acadêmicos franceses até o fim da guerra. Ela recebeu financiamento do governo belga no exílio[14] e foi idealizada como um meio de preservar a cultura francesa durante a ocupação nazista. As aulas e a divulgação eram todas em francês. A sociologia na Graduate Faculty era uma empreitada verdadeiramente europeia, a tal ponto que os sociólogos presentes frequentemente tinham dificuldade em comunicar-se com os seus colegas em outras universidades. Essas dificuldades, que variaram ao longo do tempo e de um departamento a outro, podem ser demonstradas, no que diz respeito à sociologia, com referência à troca de correspondência entre Alfred Schutz e Talcott Parsons (Grathoff, 1978) durante o início dos anos 1940. Ela começou quando Schutz, seguindo um acordo prévio, submeteu a Parsons alguns comentários sobre seu livro *The structure of social action*. Parsons ofendeu-se com esses comentários e a troca de cartas que se seguiu acabou com a conclusão, formulada por Parsons, de que seria impossível a eles entenderem-se mutuamente. É claro que isso poderia ser explicado como um mal-entendido ou um conflito no nível pessoal ou teórico entre dois cientistas sociais. Mas parece que os dois homens foram incapazes de concordar quanto aos princípios sobre os quais discussão e a teorização sociológica deveriam fundar-se. Conforme afirma Parsons:

---

[13] Ibid.
[14] RG 1.1, série 200, caixa 54, pasta 633 "French Institute".

penso ser significativo não que não exista, em todo o seu ensaio, uma única referência ao tratamento de nenhum problema empírico. (...). Eu vejo como talvez o mais importante mérito do meu livro o fato de não ter tratado considerações teóricas e metodológicas simplesmente em termos de generalidades abstratas, mas sempre em termos de sua relação com problemas específicos e definidos da interpretação de fenômenos empíricos e generalização sobre tais fenômenos.[15]

A distância entre as considerações filosóficas fundamentais do sociólogo europeu e a orientação empírica e prática que caracterizava o pensamento americano não poderia ser superada. No nível pessoal, a tentativa de Schulz de estabelecer o diálogo com um sociólogo, membro de uma universidade prestigiosa, havia fracassado.

Durante muito tempo a GF permaneceu uma espécie de enclave europeu em Nova York, seja no nível intelectual ou social. No que diz respeito ao último, Arthur Vidich (2009) relembra que os membros da Graduate Faculty no final dos anos 1950 e início dos anos 1960 falavam alemão entre si, uma língua que ele (Vidich) não entendia. A influência alemã era tão forte que a Faculdade era às vezes chamada de "pequena Heidelberg na rua 12".[16] Alguns dos que emigraram antes da guerra mudaram para outras universidades e publicaram amplamente nos Estados Unidos, ao passo que outros permaneceram na New School durante a totalidade de suas carreiras. Coser (1984) afirma que, embora a primeira geração não tenha integrado completamente a sociologia americana, esse passo foi dado por seus estudantes, que acabaram ensinando em várias universidades nos Estados Unidos (outros também foram para universidades europeias). Dito isso, a New School dá grande importância aos seus elos com a Europa e reivindica que a tradição de acolher estrangeiros foi desenvolvida para incluir países de todo o mundo. Os membros da Escola entrevistados frequentemente afirmam que

---

[15] Parsons a Schutz, 16 jan. 1941 (Grathoff, 1978).
[16] *Reflections on the origin of the New School for Social Research*. Por Mary Henle, professora de psicologia, Graduate Faculty, 9 abr. 1979. In: Arthur Vidich Papers, série VII, NSA.

a escola até hoje continua a ser marginal nas ciências sociais tal como praticadas nos Estados Unidos.

Vejamos agora nosso terceiro exemplo, que diz respeito à mistura de teorias europeias e americanas e à difusão dos seus resultados nos dois continentes. Ela também ilustra o modo pelo qual os cruzamentos e os diálogos transatlânticos contribuem para o desenvolvimento das disciplinas.

Misturando tradições intelectuais: *The social construction of reality*

O exemplo aqui usado é o livro *The social construction of reality*, publicado por Peter Berger e Thomas Luckmann em 1966, o qual entrelaça uma série de influências de origem europeia ao contexto americano. Assim como o seu conteúdo, as circunstâncias que cercam o livro fizeram dele, por uma série de razões, um verdadeiro empreendimento transatlântico. Primeiramente, ele foi escrito por dois europeus que haviam imigrado para a América; Berger em 1946, com seus pais, quando tinha 18 anos (Berger, 2011), e Luckmann em 1950 (Schnettler, 2006). Ambos matricularam-se mais tarde na Graduate Faculty da New School, onde se conheceram num curso de filosofia lecionado por outro europeu, Karl Löwith (Berger, 2011). Na introdução, tanto Berger como Luckmann afirmam que foram bastante influenciados por seus professores na New School. Eles reconhecem particularmente sua dívida em relação a Alfred Schutz, cujo pensamento e escrita influenciaram enormemente as teorias desenvolvidas ao longo de *The social construction of reality*. Carl Mayer e Albert Salomon recebem agradecimentos por terem aprofundado seu conhecimento de Weber e Durkheim, respectivamente. Embora não seja mencionado neste contexto, Mayer havia também introduzido os dois autores à sociologia da religião, incluindo (no caso de Luckmann) o trabalho de campo na Alemanha em um projeto financiado pela Rockefeller Foundation (Religião na Alemanha). Outros europeus que viveram entre Europa e América do Norte (Friedrich Tenbruck, Kurt Wolff e Anton Zijderveld) também recebem agradecimentos.

O livro reuniu uma série de temas desenvolvidos na obra de Schutz e extensas referências são feitas a outros autores, tais como Durkheim, Weber e Mead (por si só uma mistura transatlântica), e à fenomenologia de modo mais geral. Esta última aparece na abordagem, cuja base filosófica pode ser reconhecida, e também no estilo da escrita.[17] Daí a referência dos autores ao senso comum (p. 34), à intencionalidade (p. 34), múltiplas realidades (p. 35), à posição central do sujeito e seu corpo (p. 36) etc. (os números de páginas correspondem à edição da Penguin de 1971). Estes conceitos são aplicados à explicação sistemática da vida comum enquanto realidade concreta, com referência à adaptação e intersubjetividade individuais em particular. O livro leva adiante as teorias de Schutz, mais do que ele próprio fez em vida, ao integrar aspectos da sociologia americana e desenvolver uma teoria da socialização. A ligação entre o mundo objetivo e sua assimilação por processos subjetivos torna possível a explicação da transcendência, um aspecto da realidade social com o qual Schutz tinha dificuldade de lidar.

Na época em que *The social construction of reality* foi publicado, Luckmann havia retornado à Europa, tendo aceitado um posto na Universidade de Frankfurt, na Alemanha. Berger ainda estava na New School, onde permaneceu até 1970, quando se mudou para a Rutgers University. Assim estavam os autores na época, e assim permanecem até hoje, em ambos os lados do oceano Atlântico.

Muitas de suas qualidades fazem esse livro representativo da Graduate Faculty. Entre elas, sua base filosófica, seus objetivos ontológicos e teóricos e a importância dada à teoria europeia. Todas elas fazem dele um livro incomum na cena americana da época de sua publicação. Não apenas a sociologia nos Estados Unidos voltava-se muito e cada vez mais para a pesquisa empírica quantitativa (Platt, 1996), como seus objetivos eram frequentemente os da resolução de problemas específicos (Ross, 1991).

---

[17] Isso pode ser demonstrado pela comparação das duas frases seguintes: "Pela minha atitude natural, pressuponho este mundo como minha realidade. Preciso compreendê-lo na medida do necessário para ajustar-me a ele, agir nele e sobre ele, e para levar adiante meus projetos atuais", Schutz Alfred (1962 [1955]:306); "Apreendo a realidade da vida diária como uma realidade ordenada. Seus fenômenos estão pré--ordenados em padrões que parecem ser independentes da minha apreensão e que se impõem sobre ela". Berger e Luckmann (1966:35).

A popularidade que o livro alcançou na América rompe com a marginalidade que tinha sido o destino da sociologia na Graduate Faculty até então. Por uma série de razões, ele parece ter se alinhado ao espírito da época, que Berger descreve como "revolucionário". Ele ilustra isso com a descrição da visita feita pelos "três homens barbados", provavelmente de algum lugar da América Latina, que se identificavam como revolucionários. Indagados por Berger o que ele poderia fazer para ajudá-los, responderam que haviam lido a tradução de seu livro para o espanhol e achado muito interessante. Berger perguntou "por quê", ao que responderam "bem, nós pretendemos reconstruir a sociedade e o seu livro vai ser nosso manual".[18] Isso parece ilustrar que esta mistura particular de ideias não apenas se tornou popular nos Estados Unidos e viajou de volta à Europa, como também despertou interesse em países sul-americanos. Arthur Vidich, um colega da New School, confirma as razões dadas por Berger para a recepção favorável. De acordo com ele, o livro

> teve uma influência profunda em estudantes preparados para abraçar o truísmo de que a realidade social é socialmente construída, e, por implicação, de que a realidade social pode ser transformada. [Este livro, entre outros citados por Vidich] abriu a interpretação sociológica a outras variedades de análises e possibilidades de ver o mundano a partir de novos pontos de vista. (Vidich, 2009:431)

Aparentemente o livro passou a ser a epítome da invenção de um novo paradigma em pensamento sociológico: "Os jovens, especialmente, estavam procurando por uma nova direção como alternativa tanto à secura do escolasticismo Parsoniano como ao contínuo refinamento das técnicas quantitativas" (Berger, 1977:2).

The social construction of reality trouxe as teorias que havia reintegrado de volta à Europa por meio de traduções em diversas línguas. Foi impossível descobrir os detalhes das vendas, mas aqui estão algumas das línguas com as datas da primeira edição traduzida: espanhol, 1968; ale-

---

[18] Peter Berger, palestra na CEU, 10 jun. 2009. Disponível em: <www.coordinationproblem.org/2011/07/how-to-explain-the-world-without-becoming-a-bore-1.html>.

mão, 1969; italiano, 1969; polonês, 1983; francês, 1986; finlandês, 1994; checo, 1999; grego, 2003. O livro também foi traduzido para o japonês e o chinês, chegando a um total de 18 línguas em 2012. Como isso se relaciona com o que chamamos de tradição da New School conforme definida? Não muito bem: se comparamos as ideias de Berger e Luckmann com aquelas dos fundadores, nossos autores qualificam a si mesmos como conservadores, ao passo que os membros originais da New School são mais frequentemente qualificados como progressistas e radicais. Isso posto, a despeito de fatores em comum, de acordo com Ira Katznelson, certos aspectos da política dos membros da Graduate Faculty diferiam daquela dos fundadores. O primeiro aspecto institucional

> assentava-se não apenas em progressismo e pragmatismo, mas também nos impulsos de reforma do Protestantismo representados por teólogos liberais tais como Reinhold Niebuhr e Paul Tillich. Comprometidos com a crítica social e a melhoria da sociedade americana, os membros desse corpo docente estendido haviam se associado voluntariamente à New School... A segunda face institucional consistia primariamente em um grupo de cientistas sociais alemães e judeus com biografias e circunstâncias de vida bastante diferentes. Suas vidas haviam sofrido uma ruptura. O seu compromisso com a democracia era marcado menos por um instinto de melhoramento — embora eles tivessem opiniões fortes sobre como fazer democracia liberal e capitalismo moderno funcionarem melhor —, mas acima de tudo pela resistência a todas as formas de totalitarismo. (Katznelson, 2008:6)

No nível científico, como já disse, teoricamente, o livro situa-se de modo bastante claro na tradição da Graduate Faculty.

Conclusão

Podemos ver que a troca transatlântica não pode ser considerada como um tipo de processo orgânico no qual as ideias existem no vácuo e são de algum modo transferidas e transformadas ao longo do tempo. Sua evolução é extremamente dependente de vários fatores. Entre eles estão eventos mundiais (a primeira e a segunda guerras mundiais afetaram enormemente, cada qual a seu modo, a história da New School). Outro importante fator é a ação de instituições que financiam a pesquisa, entre as quais a Rockefeller Foundation é um exemplo (Loyer e Tournes, 2005):[19] o que e quem elas decidem financiar, por que e como, podem ter uma importante influência sobre o modo como as situações evoluem e as ideias são transmitidas ou não. Instituições individuais, tais como a New School, não apenas dependem desses fatores externos e de outros, como o mercado comercial no qual estão envolvidas, mas estão também sujeitas a dinâmicas internas envolvendo a interação entre grupos e membros individuais. Como tal, podem parecer adquirir uma vida própria e se tornarem entidades que moldam comportamentos (Douglas, 1986; Searle, 2005; Hodgson, 2006). Nesse sentido, a New School incorporou uma dinâmica para a combinação de ideias americanas e europeias. A natureza dessa dinâmica variou de acordo com o tempo e as circunstâncias. A sociologia na New School permaneceu bastante marginal por longos períodos de tempo. A despeito da aceitação ligada a *The social construction of reality* e a outras ações ou pessoas presentes tanto no interior do departamento de sociologia quanto em outros departamentos (tais como Hans Jonas ou Hannah Arendt, por exemplo), a imagem de sua marginalidade e de sua posição como um lugar onde as ideias circulam em nível internacional foi mantida até hoje. Por último, mas não menos importante, pelo menos no que diz respeito a fatores de influência, o movimento das ideias envolve as decisões de indivíduos. Suas ações possuem todos os tipos de efeitos, sejam elas intencionais ou, digamos, subsidiárias, via o estabelecimento de programas, ou decisões sobre recrutamento, por exemplo. Na New School estas últimas têm afetado em grande medida a prática disciplinar e o destino dos departamentos, conforme ocorrem desligamentos ou falecimentos. Em geral, segundo aponta Bourdieu (1976), as ações das pessoas, mesmo no campo da ciência, tendem a não ser desinte-

---

[19] Os autores mostram muito bem a forma como uma política pode afetar instituições científicas como a *London School of Economics* e, assim, de modo geral, influenciar a atividade de pesquisa. Esta questão é também examinada por Platt (1996).

ressadas, mas são parte de uma luta por autoridade científica. Assim, o que é traduzido ou não, a transferência ou não de ideias, e quando, são questões altamente dependentes de fatores extrínsecos, tais como a vantagem que alguém pode levar ao traduzir um artigo e aparecer associado às ideias que ele expressa ou às pessoas envolvidas em sua escrita (Bourdieu, 2002). Os fatores que afetam a recepção são igualmente complexos.

De volta à New School, sua divulgação sempre faz referência à "tradição" europeia, e minhas entrevistas mostram que essa tradição é mantida e/ou vista como mantida pelo recrutamento de pessoas cujo trabalho provavelmente a perpetuará. Existem inúmeras ligações institucionais com a Europa, tais como cátedras para prestigiosos acadêmicos europeus. Seria possível que o intercâmbio e o diálogo europeus operassem em pelo menos dois níveis. Primeiramente, podem ser concebidos como tendo uma influência real no espírito da escola e no modo como é gerida; em segundo lugar, podem também ter sido pensados como um argumento comercial que usa as raízes e a tradição europeia como uma espécie de marca registrada. Ambas as sugestões pareceriam conter parte da verdade.

Assim, a New School tem atuado como uma espécie de cruzamento para a recepção e o desenvolvimento de ideias europeias nos Estados Unidos. Ela também tem operado como um lugar a partir do qual as ideias são transferidas de volta à Europa e a outras partes do mundo. A partir desse exemplo, podemos ver que não existe nada de fixo ou definitivo a propósito do modo como as ideias são recebidas e transmitidas. Seu uso e significado estão sujeitos a influências diversas que se transformam ao longo do tempo e no espaço, em relação às circunstâncias e em resposta aos interesses e preferências das pessoas.

Referências

BEARD, Charles A. *The New School for Social Research*. NSA. s.l.: s.d. Mimeografado.

BERGER, Peter. *Adventures of an accidental sociologist*. Nova York: Prometheus Books, 2011.

_____. Betrachtung zum 25. Jahrestag von *Die Gesellschaftliche Konstrucktion de Wirklichkeit*. In: JOACHIM, Matthes; MANFRED, Stosberg. *Schriftenreihe des Sozialwissenschaftlichen Forschungszentrumes de Freidrich-Alexander-Universität Erlangen-Nürnberg*, T2, *Die Gesellschaftliche Konstrucktion de Wirklichkeit Berger-Luckmann revisited*. Nurenberg: Sozialwissenschftliches Forschungszentrum, 1977. p. 1-6.

_____; LUCKMANN, Thomas. *The social construction of reality*. Garden City, NY: Anchor Books, 1966.

BOURDIEU, Pierre. Le champ scientifique. *Actes de la Recherche en Sciences Sociales*, v. 2, n. 2, p. 88-104, 1976.

_____. Les conditions sociales de la circulation internationale des idées. *Actes de la Recherche en Sciences Sociales*, v. 5, n. 145, p. 3-8, 2002.

COSER, Lewis A. *Refugee scholars in America*. New Haven; Londres: Yale University Press, 1984.

DOUGLAS, Mary. *How institutions*. Think, Syracuse: Syracuse University Press, 1986.

HODGSON, Geoffrey M. What are institutions? *Journal of Economic Issues*, v. XL, n. 1, 2006.

HUGHES, Everett C. *The sociological eye*. Chicago: University of Chicago Press, 1971.

JAWORSKI, Gary D. Contested canon: Simmel Scholarship at Columbia and the New School. *The American Sociologist*, v. 29, n. 2, p. 4-18, 1998.

JOHNSON, Alvin. *Notes on the New School murals*. Nova York: New School for Social Research, s.d. (circa 1945).

_____. *Pioneer's progress*. Nova York: Viking Press, 1952.

KATZNELSON Ira. *Liberty and fear*: reflections on the New School's founding moments (1919 and 1933). 29 out. 2008. Discurso proferido no 75º aniversário da Graduate Faculty.

LIDZ, Victor. Talcott Parsons and the transatlantic voyages of Weberian and Durkheimian theories. In: SCHRECKER, Cherry (Ed.). *Transatlantic voyages and sociology, the migration and development of ideas*. Aldershot: Ashgate, 2010.

LOYER, Emmanuelle; TOURNÈS, Ludovic. Les échanges culturels franco-americains au XIX siècle: pour une histoire des circulations transnationales. In: MARTIN, Laurent; VENAYRE, Sylvain (Dir.). *L'histoire culturelle du contemporain*. Paris: Nouveau Monde éditions, 2005.

LUCKMANN, Benita. Eine deutsche Universität im Exil. *Kölner Zeitschrift für Soziologie und Sozialpsychologie*, Sonderheft, v. 23, p. 427-439, 1981.

PARK Robert E.; BURGESS, Ernest W. *Introduction to the science of sociology*. Chicago: University of Chicago Press, 1921.

PARSONS, Talcott. *The structure of social action*. Glencoe, IL: The Free Press, 1937.

PLATT, Jennifer. *A history of sociological research methods in America 1920-1960*. Cambridge: Cambridge University Press, 1996.

RUDOLF, Frederick. *The American college and university*. 2. ed. Athens; Londres: University of Georgia Press, 1962.

RUTKOFF, Peter; SCOTT, William. *The New School*: a history of the New School for Social Research. Nova York: The Free Press, 1986.

___; ___; BLOCH, Marc. Letters to America: the correspondence of Marc Bloch, 1940-41. *French Historical Studies*, v. 12, n. 2, p. 277-303, 1981.

SCHNETTLER, Bernt. *Thomas Luckmann*. Konstanz: UVK, 2006.

SCHRECKER, Cherry (Ed.). *Transatlantic voyages and sociology, the migration and development of ideas*. Aldershot: Ashgate, 2010.

SCHUTZ, Alfred. Symbol, reality and society. In: ___. *The collected papers of...*, v. I: The problem of social reality. Edited by Natanson Maurice. The Hague: Nijhoff, 1962 [1955].

SCHUTZ, Alfred; PARSONS, Talcott. *The theory of social action* (correspondence edited by Richard Grathoff). Bloomington; Londres: Indiana University Press, 1978.

SEARLE, John R. What is an institution? *Journal of Institutional Economics*, v. 1, n. 1, p. 1-22, 2005.

SELIGMAN, E. R. A.; JOHNSON, Alvin (Ed.). *The encyclopedia of the social sciences*. Nova York: Macmillan, 1930-35.

TOURNES, Ludovic. *L'argent de l'influence*. La philanthropie américaine et ses réseaux en Europe (1900-2000). Paris: Autrement, 2010.

VEBLEN, Thorstein. *Higher learning in America*: a memorandum on the conduct of Universities by Businessmen. Nova York: B. W. Huebsch, 1918.

VEYSEY, Laurence R. *The emergence of the American university*. Chicago: University of Chicago Press, 1965.

VIDICH, Arthur. *With a critical eye, an intellectual and his times*. Edited and presented by Robert Jackall. Knoxville: Newfoundland University Press, 2009.

WHEATLAND, Thomas. *The Frankfurt School in exile*. Minneapolis: University of Minnesota Press, 2009.

ZOLBERG, Aristide; CALLAMARD, Agnès. The École Libre at the New School. *Social Research*, v. 65, n. 4, p. 921-951, 1998.

Impressão e Acabamento:

Grupo SmartPrinter
Soluções em impressão